1,000,000 Books

are available to read at

www.ForgottenBooks.com

Read online
Download PDF
Purchase in print

ISBN 978-1-332-69068-8
PIBN 10411285

This book is a reproduction of an important historical work. Forgotten Books uses
state-of-the-art technology to digitally reconstruct the work, preserving the original format
whilst repairing imperfections present in the aged copy. In rare cases, an imperfection in
the original, such as a blemish or missing page, may be replicated in our edition. We do,
however, repair the vast majority of imperfections successfully; any imperfections that
remain are intentionally left to preserve the state of such historical works.

Forgotten Books is a registered trademark of FB &c Ltd.
Copyright © 2018 FB &c Ltd.
FB &c Ltd, Dalton House, 60 Windsor Avenue, London, SW19 2RR.
Company number 08720141. Registered in England and Wales.

For support please visit www.forgottenbooks.com

1 MONTH OF FREE READING

at
www.ForgottenBooks.com

By purchasing this book you are eligible for one month membership to ForgottenBooks.com, giving you unlimited access to our entire collection of over 1,000,000 titles via our web site and mobile apps.

To claim your free month visit:
www.forgottenbooks.com/free411285

* Offer is valid for 45 days from date of purchase. Terms and conditions apply.

English
Français
Deutsche
Italiano
Español
Português

www.forgottenbooks.com

Mythology Photography **Fiction**
Fishing Christianity **Art** Cooking
Essays Buddhism Freemasonry
Medicine **Biology** Music **Ancient Egypt** Evolution Carpentry Physics
Dance Geology **Mathematics** Fitness
Shakespeare **Folklore** Yoga Marketing
Confidence Immortality Biographies
Poetry **Psychology** Witchcraft
Electronics Chemistry History **Law**
Accounting **Philosophy** Anthropology
Alchemy Drama Quantum Mechanics
Atheism Sexual Health **Ancient History**
Entrepreneurship Languages Sport
Paleontology Needlework Islam
Metaphysics Investment Archaeology
Parenting Statistics Criminology
Motivational

OBRAS DE CONCHA ESPINA

LA NIÑA DE LUZMELA (novela, 2.ª edición.)
DESPERTAR PARA MORIR (novela, 3.ª edición.)
AGUA DE NIEVE (novela, 3.ª edición.)
LA ESFINGE MARAGATA (novela premiada por la Real Academia Española, 3.ª edición.)
LA ROSA DE LOS VIENTOS (novela, 2.ª edición.)
AL AMOR DE LAS ESTRELLAS (mujeres del Quijote.)
RUECAS DE MARFIL (novela, 1.ª edición.)
EL JAYÓN (drama en tres actos, premiado por la Real Academia Española.)
PASTORELAS
EL METAL DE LOS MUERTOS (novela, 2.ª edición.)
DULCE NOMBRE (novela.)
CUENTOS

TRADUCCIONES

Al Inglés:

LA ESFINGE MARAGATA
LA ROSA DE LOS VIENTOS
EL JAYÓN (novela.)
EL METAL DE LOS MUERTOS

Al Alemán:

LA ESFINGE MARAGATA
EL JAYÓN (drama.)
EL METAL DE LOS MUERTOS
DULCE NOMBRE

Al Italiano:

EL JAYÓN (drama y novela.)
AL AMOR DE LAS ESTRELLAS (mujeres del Quijote.)
PASTORELAS

Al Francés:

LA ESFINGE MARAGATA

CONCHA ESPINA

UENTOS

GIL=BLAS
LIBRERIA DE RENACIMIENTO
MADRID

Es propiedad de la autora.

Copyrigh 1922 by Concepción Esplna y Tagle.

Hechos los depósitos que marca la ley para las repúblicas americanas.

PROLOGO

Los cuentos encerrados en este volumen no están escritos a la usanza antigua, con la clásica fórmula de: exposición, nudo y desenlace.

Tampoco ceden a la premeditada moraleja ni saben una palabra de mitología y gentilidad. Ningún personaje sobrehumano los sublima. Y no conociendo a los ángeles en su forma de celeste aparición, huelga decir que mucho menos a las hadas y dioses, a las brujas, ni siquiera al mismo Lucifer.

Son, pues, no poco rebeldes a las castizas normas literarias; pero en descargo suyo debemos advertir que, dentro de su incorrecta libertad, alaban en lo posible a Dios y padecen la divina calentura del Sentimiento.

No todos han nacido sosegados en estas hojas con apacible condición; muchos de ellos salieron chiquitines a ganarse la vida por la tierra y el mar, hablaron lenguas extrañas y dieron la vuelta al mundo, muy arrogantes, como si valiesen más de un ardite: ahora buscan el regazo de este libro para descansar y envejecer... ¡Menos suerte consiguen los hombres trabajados y andariegos que al retorno de sus aventuras no encuentran un buen hogar!

Estos cuentecillos insurgentes son tan humanos, que a menudo no empiezan y acaban de una manera categórica, iguales a muchos episodios que conocemos de la vida; ráfagas de pasión o desventura, instantes propios y ajenos que nos conmueven y se hunden en el devenir continuo de la existencia; pasan y no terminan, huyen con la fugacidad eterna de las cosas.

Pero, a veces, remansan en una cuartilla de papel.

Tal sucede aquí, donde se cuentan desordenadamente, sin presunciones ni adobos, unos sucesos vividos, unas escenas sorprendidas en plena realidad.

¿Que son tristes?

No tenemos la culpa: son fieles a esas realidades que espejan en el cristal de nuestro espíritu.

Y conste que no somos pesimistas, sino muy dados a poner el alma a tono con las almas que sufren y a sumir la atención bajo la corteza oscura de todos los caminos. Antes encendemos siempre una lámpara de misericordia: así hemos hecho una vida áspera y ferviente, lavada con el rocío fecundo de la tristeza.

Por eso a estas páginas, desmerecidas y pueriles, las impregna un sabor tónico de amargura.

Y les hiere también la espina de un deseo, generatriz de locas esperanzas: quisieran ofrecer a los lectores chicos, lo mismo que a los grandes, algún deleite reparador; nunca un gran convite servido en

CUENTOS

ricos manteles: sería demasiado querer. No: un sorbo de bebida cordial en copa limpia y humilde...

Si tuvieran un carácter estos cuentos, se lo deberían a la ruta selvática del campo, a la orilla silvestre de mares y de ríos, a la brava altura de los montes. Si tuvieran música sonarían a canción pastoral.

Como ninguna de estas gracias atesoran, pretenden, a lo menos, vestirse con un perfume sano de la Naturaleza, con una melancolía femenina y clara como la luz de la Luna.

Sin más virtudes hallaron cuartel en este libro, y ambiciosamente esperan conquistar a esos lectores que sólo buscan en las obras literarias el aire puro y libre de la vida y el zumbido inquieto de un corazón...

LA CIZAÑA

LA CIZAÑA

ENGO, tengo, tengo;
tú no tienes nada;
tengo tres ovejas
en una cabaña...

Cantan así unas niñas, jugando al corro, en el jardin de un colegio, sombreado, por unos árboles tan atrevidos que casi están metiendo sus ramas en mi cuarto de trabajo.

La canción es lenta, suave, con esos dejos largos y melancólicos, propios de la música norteña.

Y aun se diría que este inocente cántico infantil había nacido aquí mismo, en uno de estos invernales montañeses, donde hay niños que pastorean con sus ovejas brañas arriba, despacito, atristados; tal vez inventando una dulce cancioncilla...

Estas niñas, que andan a la rueda, moviendo los bracitos enlazados, al compás de su copla, visten unos delantales de percal, plegados sin adornos sobre un gracioso canesú; calzan zapatitos blancos de lona y llevan el cabello cortado a lo paje, al ras de las orejitas, retirado de la frente con un lazo chiquitín.

Y ahora han llegado en su cantar a un estribillo **un** poco triste que dice:

> Palomita blanca de mayo,
> llévame de aquí;
> llévame a mi pueblo
> donde yo nací...

Aunque las niñas no han nacido en otro pueblo, **me** parece a mí que tiemblan con alguna pena sus voces en esta suspirante rima de la palomita blanca...

De pronto se deshace la rueda y hay un revoloteo de falditas agitadas y de pies saltadores.

Una niña forastera entra triunfante en el jardín, cerrando la verja con un portazo.

—¡Qué feo cantan!—dice a guisa de saludo—. ¡Y qué aldeano, hijas!...

—¿Feo?—protesta una morena de ojos gitanos, muy despierta y salada—. ¡Feo! Ya quisieras tú saberle...

—Ni falta; cosas de ovejas y de cabañas... ¡Qué ordinariez!

—Pero es que no sabes lo que sigue:

> Una me da leche,
> otra me da lana,

otra mantequilla
para la semana.

—¡Ay, qué cara has puesto de golosa con eso de la mantequilla! Pues sí: es feo y ordinario.

La gitanilla se quedó algo confusa al ver que sus amigas no defienden el cantar y que rodean todas a la forastera con cierta admiración.

Es que esta niña, que ha deshecho el corro al entrar sin ser llamada, viene vestida con mucho lujo; gasta botas preciosas de tafilete y largas melenas rizadas con tenacilla; trae en las manos sortijas y abanico, y pendiente del cuello una hermosa cadena con medallas; lleva pulseras, lleva sombrero. Es madrileña y ha venido a pasar el verano.

—Yo sé cantares de moda—dice—. ¿Queréis que os enseñe uno?

—Bueno—responden las provincianitas con cierta timidez, y miran a ver si ronda por allí la maestra.

—Este es el más bonito—dice la intrusa:

En el Salón del Prado
no se puede jugar,
porque hay niños que gozan
en venir a estorbar.
Con su cigarro puro,
vienen a presumir...

—Oye: pero en Madrid, ¿fuman los niños?—pregunta una.

—No, tonta: si no son niños... del todo: son algo mayores, y quieren ser nuestros novios, ¿sabes?

La preguntona se pone muy colorada.

—¿Y jugáis en un salón?—dice otra.

—Le llamamos salón, pero es un parque precioso.

—Será como éste...

—¡Ay, qué risa! ¡Como éste! ¡Si le vierais! Allí hay mucho lujo, hijas; *se viste* de otra manera...

Y las mira desdeñosamente, desde los zapatos de lona hasta el lazo chiquitín del pelo.

Ellas están, las pobres, algo cortadas, algo pesarosas dentro de sus delantalillos de percal.

Y entonces la mayor decide:

—Vamos a jugar a otra cosa; a la rueda, no; porque "ésta" no sabe nuestros cantares, ni nosotras los suyos.

Quieren jugar "a las flores". Cada una tomará el nombre de una flor; se sorteará el cargo de jardinera; después empezará la combinación de un ramo...

—Yo, rosa.

—Yo, violeta.

—Yo, jazmín.

—¿Y yo?—consulta la forastera con displicencia—. ¡No sé qué escoger!

—¿Tú?—dice la gitanilla—; tú..., cizaña.

—Vaya, ¡eso no es una flor!

—Pero es una yerba del campo.

—Sí, ¡una yerba mala!

Y ¿qué?—arguye la pequeña muy plantada, desafiando con valentía las miradas de reconvención con que las otras parecen amonestarla por su imprudencia, mientras la instrusa, indignada, se marcha sin despedirse, dando otro portazo lo mismo que al llegar.

Y las niñas del colegio se han quedado sin rueda y sin copla, entristecidas con la vaga ilusión de algo incitante que las enmudece.

La gitanilla es la única que sonríe, satisfecha de su venganza; pues qué, ¿no había venido aquella presumida a matar con su desdén y sus burlas la preciosa canción de las tres ovejitas y la paloma blanca?...

Y como todavia se oye el menudo taconeo de las elegantes botas de tafilete alejándose a lo largo de la tapia, la niña se ha puesto a cantar con su vocecilla insinuante y melodiosa:

> Tengo, tengo, tengo;
> tú no tienes nada...

jando otro pedazo lo mismo que al lle...
Y las niñas del colegio se han qued...
sin copla, enterneciadas con la vaga ilus...
tante que las enmudece.

La gitanilla es la única que sonríe...
vergüenza; pues que, no habiendo venido...
unida a matar con su dedito y sus bu...
canción de las tres orejitas a la paloma...
Y como nadie le oye el menudo tac...
gastar botas de fallero alejándose a lo h...
la niña se ha puesto a cantar con su voz...
y melodiosa:

— Tengo, tengo, tengo;
tú no tienes nada...

EL PRECIO DE LA MUÑECA

EL PRECIO DE LA MUÑECA

DOLECIDA y modesta llegó una señora a Madrid al cabo de un penoso viaje para ver a su niña, asilada en un colegio magnífico y piadoso.

Es la nena enfermiza y débil, pobre capullo de la desventura que en el mísero hogar de la madre hubiese perecido; y abrazándola con ansias y dolor la humilde viajera le pregunta:

—¿Qué quieres que te compre?... Voy a darte aguinaldos.

En la carita blanca, los ojos candentes y oscuros brillan temblando como dos luceros en una pálida nube, y Esperanza murmura:

—Quiero una muñeca.

Sus brazos se agitan ya en un instintivo movimiento de caricia y posesión, y la madre, viéndola sonreír y estremecerse bajo una ráfaga de alegría, decide volver muy pronto con el regalo.

* * *

Ya fuera del colegio hace una cuenta minuciosa y avara de su escaso caudal: tanto para la fonda, tanto para el tren, cuatro pesetas para la comida en el camino... Le quedaba un duro nuevo y lustroso donde relucia el regio perfil: era preciosa aquella moneda; tenia cierta solemnidad, cierta importancia nunca vista en otra semejante.

Con los ojos llenos de lágrimas, muy conmovida, la señora besó el precio de la muñeca, y la placa flamante quedó húmeda por el llanto sublime del gran amor; así purificado guardó la madre en el bolsillo su tesoro.

Y anda lentamente a lo largo de las aceras, detenida junto a los escaparates donde hay juguetes; las muñecas más hermosas le llaman la atención, mira los precios y sigue el camino suspirando.

* * *

En la calle Mayor un enorme bazar luce por las vidrieras su espléndida comitiva de monarcas: son los Reyes Magos, que reviven la historia celeste de un viaje maravilloso.

El indio Melchor, alto, fino, alba la vestidura como los cabellos, viene desde las fuentes del Ganges, en el Himalaya, y vió palpitar la estrella milagrosa en el lago de Lang Tso, adormecido al pie de la gigante cordillera. Habla el sánscrito, la primera lengua humana que fué escrita, y viaja soñoliento, embebido en oraciones purísimas.

Gaspar el griego, hijo de atenienses, viene de Tesalia hacia el Septentrión de la famosa montaña del Olimpo; ha posado en los más insignes huertos del Oriente y ha visto reflejarse la anunciadora llama estelar en el golfo de Thermaic. Es un hombre blanco y rubio, con grandes ojos negros, inteligentes y asombrados. Su capa clarea sobre una túnica breve; calza las sandalias del peregrino y mece sus excelsas meditaciones como en una nave en el alto dromedal.

El rey moreno, Baltasar el egipcio, usa el cabello en trenzas, es proporcionado y membrudo, hermoso y grave como un Faraón. Ciñe el "kamis" blanquísimo bajo el "aba" de estameña, y se cubre con el original "kufiyeh". Estuvo en las montañas de Jebel, ha contado los "saat" del desierto y conoce los viñedos de Jericó. Nacido en Alejandría, predicó en las márgenes del Nilo al verdadero Dios que deseaba, y esperó la divina lumbre de la estrella en un rincón africano, sobre una solitaria montaña azul; camina extasiado en divinos coloquios, dejándose guiar por la resplandeciente maravilla de los cielos...

* * *

La madre pobre contempla la representación lujosa de estos gloriosos personajes y reconstruye mentalmente el prodigio. Está viendo las pulsaciones providentes del gran astro, el mágico estol de los viajeros, su llegada feliz al santo Portal y su vuelta conmemorativa cada año al borde de las cunas con una carga de ilusiones para los niños.

También Esperanza recibirá esta vez su parte de alegría.

Precisamente alli, entre muchas cosas bellas y raras del equipaje real, hay un "bebé" con sombrero y vestido azul y un letrerito que dispone: "Cinco pesetas."

La señora le mira con placer pensando en el gozo de la nena cuando abrace aquel primer juguete de su vida. Entra en el bazar; con el acento pungido de emoción, señala y pide:

—Aquel "bebé" chiquitín.

Mete la mano en el bolsillo... y ante el asombro de la gente rompe a llorar con tremenda amargura: le han robado el duro majestuoso y brillante, el precio de la muñeca ennoblecido por el llanto sublime del gran amor...

* * *

Este robo no constará en ninguna Comisaría: es una hazaña menuda de raterillo vulgar: la moneda que estuvo por unas horas lavada y ennoblecida, caliente al lado de un corazón, ha vuelto a hundirse en el cauce de las cosas turbias, de las cosas frías que ruedan sin alma bajo la eterna palidez de lo prosaico y material.

CON LAS ULTIMAS HOJAS

ÚLTIMAS HOJAS

CON LAS ULTIMAS HOJAS

A diafanidad del ambiente nos iba acercando, aquella tarde, los montes oscuros y los cielos descoloridos, mientras el lejano ansar nos enviaba, susurrante y distinta, la canción de sus últimas hojas: hubiérase dicho que podíamos tocar con las manos la majestad de las cumbres, la tristeza del celaje y el coloquio del río con la fronda moribunda.

Era una de esas horas, transparentes y claras, en que la Naturaleza se nos rinde sin un solo secreto; hora dulce, de religiosa paz, en que el alma se nos pone de rodillas asomada a los ojos, buscando a Dios.

Ibamos despacio, con sigilo, como si temiéramos turbar el reposo de aquel minuto de embriaguez. Sobre nuestro deleite pasó entonces un suspiro que no era el balanceo de los cañaverales ni el murmullo de la arroyada. Y, apoyándose en el rastel del puentecillo que salva la corriente, vimos una niña pobre y triste, atada allí, sin duda, por la atracción de una hora grande para sus penas.

Podría contar la mozuela catorce años. No era hermosa; pero tenía para conmovernos, para seducirnos, esa inconfundible expresión, trágica y melancólica, de los enfermos a quienes la muerte ha señalado ya con su dedo implacable. De una ojeada compasiva medimos la existencia que podría gozar, la infeliz: para cuando rodasen las últimas hojas del bosque, caería, también, aquella mustia flor.

La muchacha se moría a sabiendas. En la infinita ansiedad de sus pupilas grises, leímos el desconsuelo del terrible fallo. Tal vez llegaba aquella tarde al puentecillo de la lera para despedirse de su valle querido, y así mirábale extática como si le quisiera meter en el corazón por las ventanas de los ojos que la fiebre engrandecía. Pasamos delante de ella y hasta quiso, la pobre, sonreír al decirnos:

—Vayan con Dios.

Allí se quedó absorta, posando sus desoladas meditaciones sobre la parlanchina voz del arroyato...

Quisimos saber la historia de la interesante criatura, sentenciada en los linderos de la juventud, y el relato cabía en dos renglones sombríos: nació en una casa miserable donde guerreaban ya seis hermanos, y la recibieron malamente; fué creciendo en la estrechez, sin halago y sin mimos; trabajó sin fuerzas y lloró mucho, de hambre y de fatiga... Por fin, la dejaban descansar para morirse.

* * *

Pasaron los días, y fraguada en el incesante llover de largas horas, se levantó una riada formidable.

Los dos brazos del río, que estrechan la villa, se alzaron con las venas hinchadas, en furioso trajín. Turbias y roncas las aguas salpicaban el caserío y escupían rabiosas espumas a las calles: todo el pueblo yacía bajo la amenaza del rabión que en las lindes de la mies arrebataba las últimas hojas del ansar.

Y al caer la tarde, cuando los vecinos menos valerosos pensaron huir de las inmediaciones del río, un claro repique de campanas apagó el clamor del torrente.

Detrás de los cristales llorosos, nos fuimos a mirar a la gándara y vimos que sobre el agua del sendero abría sus pliegues un hermoso paraguas blanco y al cobijo del albo dosel iba el Señor, en las manos de un sacerdote, cruzando el puente que comunica un barrio con el otro.

Encima del muro que encauza el río, oyéndole bramar y enfurecerse, estaba la casuca de la niña hética, donde la gran Visita se detuvo. Hubimos de formar en su escolta, y lejos de asistir a un espectáculo desgarrador a la cabecera de la moribunda, nos sorprendió la muchacha sonriendo, con gozo, a un sinnúmero de placeres y novedades que tocaban sus trémulas manos infantiles; por vez primera reposaba en un mullido colchón, saboreaba tiernos bizcochos y vino de Jerez; recibía saludos, besos y regalos, y lloraba su madre por ella; lloraba mucho; rotos los profundos senos de la ternura, que la miseria y el trabajo habían endurecido en aquel inculto corazón, era al fin madre y mujer, y gemía bruscamente, con salvaje hosquedad, que se suavizaba sólo besando las manos yertas de la enfermita.

Todo era nuevo y magnífico para la pobre agonizante: amor, golosinas, consideraciones. Tocaban por ella las campanas de la torre parroquial; el paraguas de tela joyante se abría sobre el lodo, en honor suyo, y la visitaba el señor cura para colocarle en los labios, marchitos, el Santo Cuerpo... ¿Qué importaba morir habiendo probado tales goces?

Se apagó en los ojos grises la infinita tristeza de aquella hora y comulgó la niña, exaltada y feliz, con las manos deliciosamente cruzadas en la finura de una colcha elegante, con la cabeza tendida en la suavidad de un almohadón.

Sentíase abrigada por el cariño, amparada por el cielo, indemnizada de todos sus infortunios por una súbita aglomeración de favores. Y dejándose hundir con encanto en la desconocida blandura de la cama pomposa, en un suspiro de inmenso bienestar rindió el espíritu, halagada por el más dulce sueño de su vida.

Fuera, el rabión se ensoberbecía cada vez más, dentro del cauce rojo, entre audaces rugidos y verberaciones.

El paraguas blanco tornó a salvar las aguas borbollantes, en un cándido vuelo de paloma, sobre el frágil puentecillo, mientras rodaban, humildes y vencidas, las postreras hojas del ansar...

TIERRA...

TIERRA...

NÉS llegó de la calle envuelta en livianas telas de color de rosa, con el escote desnudo bajo el calado tul y una extraña sonrisa en los labios. Le ardían los ojos oscuros, llenos de una fiebre audaz, y se le habían encendido en las mejillas las triunfantes rosas de la juventud.

Alzóse Carlos del sofá con veloz movimiento de sorpresa, y la envolvió en una mirada ancha y atónita, mientras se saludaron.

Se quedó el mozo muy confuso entonces, fluctuando entre la admiración y el recelo, hasta que la niña le dijo con desembarazo gentil:

—¿No te han llevado a tu gabinete?... Verás... Te lo he arreglado yo... Ven.

Pasó el mórbido brazo en torno al de su primo,

empujándole suavemente a lo largo del corredor, junto a la orilla de elegantes macetas. Reía y charlaba; su voz, pastosa y caliente, agitaba a Carlos en una ola de turbaciones.

Era Inés alta, esbelta y hermosa; tenían sus gracias un alarde infantil; expresaba los deseos con un imperio de mujer y una exigencia de niña que se hacian invencibles, convirtiéndola en dueña absoluta de todas las voluntades. Jamás un capricho suyo encontró asperezas, ni su voz dominadora y alegre se replegó nunca ante un acento contradictorio.

Después que logró escuchar algunas palabras de su primo, sonoras y graves, un poco trémulas, preguntóle de repente:

—¿Sabes cuántos años tengo?

Sin conseguir tranquilzarse, él respondió:

—Creo que tienes diez y seis.

—Pues no; diez y ocho, como tú.

Carlos movió incrédulo la cabeza, dilatando mucho la absorta mirada, y la joven continuó:

—Debo advertirte algunas cosas: aquí en la ciudad no se viste como en el campo; es menester que te hagas trajes de moda, y compres otros cuellos, otras corbatas, y alces la frente, así como yo: mira.

Obligóle a mirarla acercando a él su rostro radiante hasta casi tocarle las mejillas.

Inquietísimo, azorado, abismó Carlos un momento en las pupilas negras de Inés las suyas azules, y empalideció sin saber qué angustia nueva le nacía en el alma.

Triunfadora, magnífica, sonrió la muchacha sobre la expresión de su primo, y salió del aposento, diciéndole:

—Tendrás algo que hacer; yo te espero en el jardín.

Quedóse Carlos con la boca abierta en medio de la habitación, alhajada con urbano refinamiento. Se le hundían los pies en la blandura muelle de los tapices, y la rústica imagen se le reproducía temblorosa en las lunas biseladas.

Entretanto, iba Inés a buscar a su madre para decirle con insolente mohín:

—¿Este es el novio que me recomiendas porque es alto, colorado, rico... y tonto?

Siempre hablaba la madre a su niña con un poco de temor. Apacible y conciliadora, advirtióle:

—Si otra cosa no se presenta, puede ser para ti un buen partido... Están los tiempos tormentosos, hija; no tienes dote, anda tu padre muy apurado en sus negocios y sostenemos el lujo de la casa con mil combinaciones...

—Pues con el primito me voy a divertir mucho; es un pequeño salvaje.

Centelleaban los ojos africanos de la mozuela y lucía su hermosura una cruel expresión de regocijo.

Puesta en cuidado murmuró la señora:

—Tal vez no te quiera: tiene vocación de sacerdote, ya lo sabes. Nos le mandan a ver si le conquistas y le haces desistir de su propósito. El ha consentido en venir sólo por dos meses; a ver si te apresuras.

—¿No quererme a mí?—interrogó la joven con orgullo—. ¡Qué gracia! Ya verás si me quiere o no.

Y se preparó a la fácil conquista con malévolas intenciones de chanza.

Mas los días pasaron inútiles para las impaciencias de la vanidosa. Vestido ya de barbilindo ciudadano, seguía Carlos sosteniéndose en su aire oscuro de seminarista, más atento al cielo y al mar que a los negros ojos que le buscaban.

Había hecho el mozo sus estudios de bachiller en un colegio de Escolapios perdido en la llanura de Castilla entre un celaje de insolente claridad y una parda tierra, muerta de sed. Soñador por naturaleza, sobrio y esquivo por temperamento, elevó su alma en la augusta soledad y en la quieta meditación, y sintióse desasido del mundo, ávido de las cosas perdurables. La llanura desolada, que iba toda a volcarse en el cielo, arrastraba el espíritu del mozo a la gloriosa libertad azul; quería ser fraile, ganoso de ser santo, y conquistar la suprema belleza de la altura. Los hervores de la sangre se le calmaron en la serena corriente del sacrificio, y un noble renunciamiento de todo humano deleite le ató a la vocación religiosa con firme lazo.

Pero su familia le sometió, cautelosamente, a una prueba antes de permitirle abandonar el mundo, y así fué como envuelto en su tímido aire de colegial, desazonado y receloso, buscó el ferrocarril costanero desde el fondo de sus montañas nativas y llegó al gran puerto ciudadano...

* * *

Ya expiraban los meses de vacaciones estivales que pasó cerca de la prima, y los ojos de Carlos se levantan a Dios en incurable acecho de infinito, con desdén para el milagro de belleza y amor que se le ofrece.

Despechada Inés, llega a clavar su alma en el deseo de rendir la indiferencia del mozo; achaca a timidez su actitud, y con insinuaciones desmedidas procura animarle a la declaración amorosa.

Prescribe el plazo de aquella lucha. Es hoy la víspera de partir el joven para su aldea, vencedor en el más difícil torneo de las pasiones humanas.

Inés, resuelta, erguida en su hermosura, deliciosa en su atrevimiento, va a encontrarle al jardin al anochecer, cuando el desdeñoso suspira con hondo afán, dejando que en meditaciones supraterrenas *su espíritu sea llevado sobre las aguas,* dormidas en la costa.

Inesperadamente, como llegan las tentaciones, así llegó la joven, y le puso al primo las manos finas y acariciadoras en los hombros.

Alzóse él violento del lugar donde meditaba, y hablaron a la luz idílica del crepúsculo.

—Mañana te vas—recordó ella, pálida, un poco enronquecida la voz.

—¡Mañana!—dijó él, únicamente, con aguda certidumbre.

La muchacha, entre conmovida y colérica, tras un breve silencio preguntó:

—¿Y no quieres que seamos novios?

Abrió él unas pupilas desmesuradas, y trató, cobarde, de sustraerse a las lindas manos cautivadoras; pero

Inés le retuvo intrépida, decidida, y añadió con palabras ardientes:

—¿No te gusto?... ¿No te parezco bien? Dentro de pocos años nos podíamos casar... ¿No me quieres, di?

La certeza de una inmediata partida le inspiró a Carlos un valor inaudito. Y temerario, invencible, repuso con arrogancia:

—Tu hermosura es gloria terrenal; quiero la celeste hermosura.

Estremecióse de ira el primoroso cuerpo de la muchacha mientras Carlos, abarcándole con su frío glacial, añadía:

—Tu cuerpo es deleznable; quiero duraderos tesoros.

Y como explandiera sugestionadora la mirada de la niña, aún dijo él bárbaramente:

—Eres un placer humano y transitorio; yo quiero divinos goces, eternas alegrías.

Desprendióse fatal de las breves manos que le detuvieron y se alejó, sin dejar de repetir:

—¡Eres tierra... tierra!

Quedóse Inés atontecida y muda, viendo cómo su primo desaparecía en la creciente oscuridad.

De pronto se dejó caer en la vereda ondulante del jardín, y puso, retadores, los ojos en el cielo, con amarga interrogación:

—¿Conque soy tierra?...—hincó las uñas de color de rosa en el camino, con saña y furor, y alzó un puño de polvo, insistiendo como en un delirio:—¡Tierra!

Clareaban remotos los astros entre nubes apacibles

tendidas sobre el mar con inefable dulzura; y la niña hermosa, abatida en el suelo, fué inclinando la altiva cabeza bajo la pesadumbre de una primera inquietud de eternidad.

Corrieron sus lágrimas con sumisión, la voz se le hizo humilde al pronunciar llena de confuso anhelo:

—¡Tierra... tierra!

El alma de Inés sacudíase en aquel instante con milagrosa agitación; se apartaba del cuerpo advertida de su origen, y segura de sus alas huía del polvo, curiosa de las estrellas...

COBARDE

COBARDE

IVEN a la sombra de gigante nogal, en la linde de una pradería. Tienen tantos hijos que muchas veces la madre les equivoca los nombres, y sermonea sin tino a los inocentes mientras los culpables se están riendo. Ella acaba por reírse también; posee un carácter lleno de mansedumbre, y en su vida trabajada flota siempre una sonrisa.

Había sido un disparate aquella boda. Sólo el amor, con la venda ceñida a los ojos, pudo atar en yugo indisoluble a dos criaturas tan inhábiles: la muchacha, una artesana pobre; el mozo, un triste de la clase media, venido a menos, tan mimado y caprichoso que no supo dominar la tentación de hacer desgraciada a la novia humilde y buena.

Era él de esos que están siempre buscando una ocupación, al parecer, y no la encuentran nunca; de esos que sólo hacen planes y "castillos", sin cosechar en las manos vacías nada más que ilusiones.

Una ilusión fué para Gerardo la belleza de Matilde; una ilusión fugaz, porque las privaciones y las fatigas amustiaron pronto los hechizos de la muchacha.

No era el doncel muy dado a las reflexiones, y la idea de las responsabilidades adquiridas no le alarmó. Hacía bastante sacrificio con pararse a soñar allí donde el matrimonio le detuvo. Y allí se quedó...

Iban naciendo los niños. Los padres de Matilde, por no abandonar a la infeliz, le daban la mitad de su pobreza. Y crecían los retoños a la vera del nogal gigante en la linde de la praderia, donde les daba el destino juntos en un palmo de terreno sol para alegrarse, flores para divertirse y un regato bullicioso que servía de fuente, de baño y de espejo.

Eran felices; no iban a la escuela; no eran coloñeros ni pastores. El diogenismo de su padre se les había sido dado con la vida como un rasgo característico: tenian horror a la obediencia y al trabajo. Corrían por los sotos y las camberas, soberbios de holganza y de insumisión. La pobre madre, viéndoles tan abandonados de disciplina, tan hoscos y rudos, les sermoneaba, confundiendo sus nombres, hasta que ellos, chanceando, la hacían reír.

No se tomaba el padre tanta molestia; era un indiferente de la vida, un estoico del sentimiento; sabía únicamente de caprichos: de obligaciones lo ignoraba todo. Tenía una pálida mirada de hastío para la mujer marchita y para la prole salvaje, y luego se tumbaba al sol a fabricar en el viento sus castillos.

Pero una vez, alguien que se interesaba en la suerte de aquel matrimonio encontró para Gerardo una ocupación, en unas minas lejanas.

Fué aquélla la primera zozobra grave de su vida, el asunto que le hizo meditar más seriamente; al fin, vencido por las tentaciones de la curiosidad, admitió el destino modesto que se le ofrecía. Y con la ayuda pecuniaria de los abuelos salió de viaje la familia, en un amanecer apacible en que toda la campa era un manto de flores.

Matilde iba sonriente; los niños, asombrados; Gerardo, curioso... Trabajar... ¿qué cosa sería trabajar?

* * *

¡Trabajar era una cosa horrible!

Gerardo se lo declaró a sí mismo terminantemente a las pocas horas de oficina, esclavo de una mesa acribillada de papelotes y bajo la impetinente mirada, un poco burlona, de su jefe.

Entonces el papá de toda aquella pandilla de miños sintióse más bohemio que nunca y fué atesorando en su alma vulgar un coraje muy cruel hasta que le pusieron en la mano su primer sueldo.

Y el indeciso, el soñador, hizo una hazaña monstruosa. Abandonó cautelosamente el pueblo para hundirse en la vida incierta de la truhanería y del azar, lejos de los suyos...

Mientras tanto, los retoños bravíos, presos en el cuarto mezquino de una casa de vecindad, parecen fierecillas enjauladas y acechan los balcones con acometividades peligrosas, mirando a ver si yergue allí cerca sus ramas un nogal, si florece una praderia o algún rayo de sol baja a beber en un regato bullanguero.

Pero en la hoz que forman las montañas mineras no tiene el astro un valle donde espaciar sus fulgores, y si un hilo de agua se despeña cristalino desde la altura, llega a los casales turbio y carbonado, con tenue rumor lleno de tristezas.

Y la mujer, que ha perdido para siempre la buena sonrisa de su mansedumbre, piensa que sería un consuelo inefable el poder morirse de pena a la sombra de un nogal en la linde de una pradería...

LA CAMPANITA DE ORO

LA CAMPANITA DE ORO

UARDABA la abuela en el bolsillo un cartucho de caramelos, y Javier tenía muchas ganas de probarlos. Pero aquel día el niño no supo la lección, y la anciana, muy grave, había levantado un dedo solemne sobre la rizosa cabellera del holgazán, sentenciando:

—No hay caramelos para los niños rebeldes.

Gacho y triste quedóse Javierín, un nene muy guapo, nada cobarde para las travesuras y muy enredador; ya contaba hasta siete años, y era el ojo derecho de la abuelita, que paciente y devota se había constituído en maestra del rapaz...

Murió la tarde; nació la noche, y Javier, olvidándose del ceño de la anciana, cuyo débil carácter conocía, jugaba en torno de ella, listo y gracioso, cuando reparó que se había dormido; ¡y allí, colgante, ancha y propicia, estaba la faltriquera llena de exquisitos caramelos!

Rápida y fuerte mordió la tentación en el pecho de Javier; cogería un puño de la codiciada golosina sin que la abuela lo notase, y luego, cuando ella despertara, le daría más. Acercóse pasito al sillón, y cauteloso, hurtador, extendió la mano.

A este punto, cuando el niño se inclinaba sobre la henchida faltriquera, sonó, oralino y sutil, un campanilleo inverosímil, allí mismo, entre el pecho anhelante de Javier y el muelle regazo de la señora.

Tan claro y penetrante fué el toque de aquella campanilla, que la abuela se despertó; así al menos se lo pareció al niño. Y sin sombra alguna de sueño en los profundos ojos, habló la dama al asombrado nene:

—¿Oíste "la campanita de oro", Javierín?

El, por toda respuesta, murmuró con vivo azoramiento:

—Pero ¿quién la tocaba?... ¿En dónde, abuelita?

En tu corazón, hijo mío; el santo de tu nombre y tu ángel tutelar te avisaron, porque, sin duda, ibas a cometer alguna falta...

Bajó el niño la frente enrojecida, y su actitud, pesarosa, encerraba una confesión tan humilde, que la abuela le atrajo a sí dulcemente, pasó una mano en torno al dócil cuello de la criatura, y solivió del peto de la marinera una frágil cadenita de oro, haciendo sonar, con soniquete vibrante, las medallas del Angel de la Guarda y de San Francisco Javier.

—¿Oyes?—interrogó estrechando el abrazo con que

ceñía al pequeño. El cual, conmovidísimo, asintió ferviente:

—Sí, es la campanita de oro.

—Le he pedido mucho a Dios—dijo la abuela entonces—que cuando vayas a ser malo te avise y te defienda contra la tentación. Ya lo ves: tú ibas a pecar, y tus Santos tutelares hicieron con estas medallas un milagroso repique para detenerte.

Y mientras Javier, enternecido, besaba aquellas reliquias de su inocencia, murmuró la señora en son de rezo:

—¡Que siempre tu alma permanezca fiel al santo aviso de la campanita de oro!...

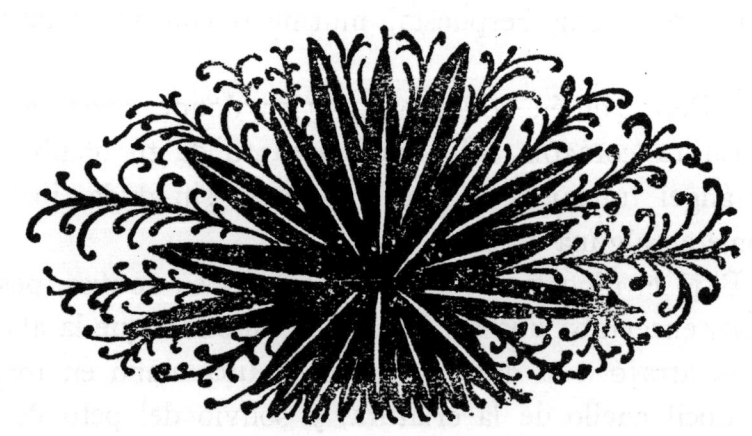

EL "RABUCO"

EL "RABUCO"

ste pobre Juanin no es un niño pordiosero que anda descalzo sobre la nieve y duerme al desamparo y llora de hambre.

Juanin calza escarpines de bayeta metidos en unas abarcas de madera de aliso; y gasta una blusa relativamente limpia, remendada por una madre cuidadosa, y tiene borona segura y cama abrigada. Además tiene un oficio, es un "niño obrero", todo un artesano, que ejerce la importantísima profesión de *rabuco*. A veces ganando una peseta diaria, y hasta cinco reales.

¡Y me da mucha lástima de Juanin!

El padre trabaja dentro de una casa vecina a la mía, y el niño, más débil, más incapaz que el hombre, le presta su valiosa ayuda, maniobrando a la intemperie, calándose de agua y tiritando de frío, porque, ¡claro!, "para eso es *rabuco*..."

Va y viene Juanín con dos calderos desde la fuente a la obra, hace el mortero en medio de la calle y carga sobre el hombro la artesilla con la mezcla y los sacos de yeso.

Con las manos moradas, la nariz roja y las ojeras hundidas, está muy feo y muy triste el pobre Juanín.

Dicen que tiene doce años; representa diez a lo sumo; es enteco, chiquito, lánguido; cuando habla parece que va a llorar, y las pocas veces que sonríe parece que está llorando... Se mueve con un aire de resignación y de esfuerzo que infunde ardiente piedad, y mientras trabaja suspira y tose.

Y mientras tose y suspira afanándose bajo los rigores del temporal, con la blusilla salpicada de nieve y las almadreñas "haciendo agua", ¿pasará, acaso, por la entristecida imaginación de este obrerito la tentadora visión de una huelga general de *rabucos?*...

Cada vez que sube a la casa, contempla el niño con embeleso la obra de su padre. Ser albañil es la aspiración suprema de un *rabuco,* y ser *rabuco,* ¡qué suprema tortura debe ser para este niño enfermizo, con un tiempo tan cruel!

Al caer la tarde va Juanín de retirada con los demás obreros, y lleva un andar tan indeciso, tan fatigado, que con un movimiento de tierna solicitud nos detenemos a decirle algunas palabras cariñosas.

—Adiós, "hombre"; ¿qué tal de aprendizaje? Ya irás adelantando en el oficio, ¿eh?

El chico ensaya un saludo confuso, y el padre, después de otro muy cumplido, nos dice enfáticamente:

—¡Ca! Este lleva "otro rumbo"; en cuanto entre la primavera, le voy a embarcar *pa* Méjico; ¡a ver si hace algo!...

Este padre, que es bueno a su manera, sonríe estúpidamente al darnos cuenta de la bárbara resolución de que ha hecho víctima a su hijo.

Y este hijo levanta hacia nosotros una mirada angustiosa, que lo mismo puede revelar la fatiga del día presente, que el terror del día futuro.

Y se aleja el niño tan pequeño, tan triste, confundido entre el grupo de obreros. A la luz mortecina del anochecer, se duda si lo que blanquea en su ropita mojada son copos de nieve o gotas de cal.

¡Pobre Juanin, que teniendo padres, ha sido *rabuco* en el rigor del invierno, y le mandan "con rumbo a Méjico" en cuanto florezca la primavera!

Otros días, mientras afanaba él delante de mi casa los materiales para la obra, yo pensaba, con cierto alivia a mi compasión, que si la naturaleza ruin del muchacho podía resistir el esfuerzo rudo del aprendizaje, a la vuelta de unos años tendría un oficio que le permitiría ganarse honradamente la vida. Sería un hombre de bien, ¡sería un albañil!

Mañana, cuando el chiquillo vaya y venga a la obra y a la fuente, amoratado de frío, tosiendo y suspirando, pensaré, con más honda tristeza, en lo inútil de su lucha abrumadora, cuyas esperanzas han de quedar hundidas en la bodega de un transatlántico, donde al mísero niño le anule como ciudadano español la propia mano paternal, convirtiéndole en un emigrante.

Y no merece la pena de haber llegado a la difícil categoría de *rabuco* y de haberla padecido valerosamente bajo las inclemencias de los inviernos del Norte, para verse enviado con rumbo a Méjico en la debilidad de la niñez con el desvalimiento de la ignorancia y la soledad, cuando sonríe una hermosa primavera en el valle nativo...

LA MADRE DEL NOVIO

LA MADRE DEL NOVIO

A novia era de familia ilustre, el novio un negociante rico y la madre de este señor una viejecita aldeana, muy humilde.

En vano el hijo había deseado encumbrarla; ella no quiso nunca abandonar su cocina negra de humo, con el llar en el suelo, ni su portalito abierto sobre el cortil, donde las gallinas picoteaban en las hiendas calientes.

Le dijo a esta mujer su futura nuera:

—Tiene usted que asistir al casamiento.

—Vivo muy distante; ya no estoy para nada—se había disculpado la viejuca llena de timidez.

—Es preciso que usted asista; le mandaremos el coche.

—¿El coche?... ¡No, hija, por Dios!

Estaba inquieta la pobre labradora, que sólo conocía los trenes de lujo por el polvo que levantaban en los caminos.

Pero la familia insigne quiso dar un público testimonio de su condescendencia presentando en la fiesta a la anciana con todos los honores, y el día señalado la buena mujer se apresuró a acudir a la invitación, temerosa de que le enviaran el carruaje.

Fué inútil que en el templo pretendiera oscurecerse entre los invitados, porque la hicieron llegar hasta los novios y, menuda como era, frágil y temblorosa, quedóse confundida en la blanca nube que cubría a la desposada nimbando las flores de azahar.

Después, en el banquete de la boda, también la obligaron a colocarse junto a la niña blanca, y también la infeliz estuvo muy cohibida, con miedo de pisar la cola inmensa y floreciente, con inquietud por cada palabra incomprensible, por cada extraño semblante, por cada desconocido manjar.

No hablaba, no comía, y según las viandas iban recorriendo el filo adamascado del mantel, le decía la nuera, muy amable:

—¿No toma usted?... ¿No quiere de esto o de lo otro?

—Es que no tengo apetito—respondía cobarde y recelosa.

Hasta que sirvieron los helados. Aquella espuma leve y alba le llenó de admiración: parecía hecha con el velo de la novia, con los capullos del cidro y del limonero. Sirvióse una pequeña cantidad en el borde del plato, lo probó apenas, y sorprendida, asustada, lanzó un grito: era cosa de muertos aquel copo frío y sutil; era comida terrible, como de sepultura, bocado hiriente y doloroso para la pobre aldeana.

Enrojeció el novio; los comensales disimularon la risa, compasivos, y la vieja se echó a llorar.

La llevaron a su casa en un coche, mareada y pesarosa; sentía fatiga y hambre; tenía ante los ojos turbios, cansados de mirar, la obsesión de una cosa blanca y yerta, que lo mismo podía ser un velo que un manjar o una flor, pero que le causaba un asombro lleno de ansiedades...

Y ya nunca más volvió a aparecer en fiestas de señores...

EL VUELO DE UNA PALOMA

EL VUELO DE UNA PALOMA

Franqueó Marta resueltamente la verja del jardín y dió en él algunos pasos precipitados, como si quisiera hacer lo más breve posible aquel momento penoso...

Cinco años hacía que había salido de aquella casa, dejando junto al cadáver de su padre todas las alegrías de niña mimada y feliz.

Sola en la tierra, Marta había llorado mucho, y había peregrinado tristemente en hospedajes distintos, forastera en hogares que no dieron calor a su alma, rodeada de seres y cosas que no prestaron compañía a su corazón abandonado.

Fatigada de una existencia errante, la chiquilla, convertida en mujer de veinte años, con su espíritu fortalecido en rudo vaivén de penas, decidió regresar a su pueblo, a buscar hospitalidad más generosa y benigna en las memorias de su infancia, al abrigo del solar propio.

En ausencia suya habitaron la finca diversos inquilinos, y sabía Marta que su casa y su jardín habían sufrido los rigores del más completo descuido, hasta el punto de que la muchacha temía el aspecto desolado de cuanto dejó lindo y primoroso.

No iba sola en la triste exploración: la compañaba una antigua sirvienta de la familia que generosamente le había ofrecido su ayuda para emprender la nueva existencia.

Pero viviendo entre personas indiferentes a su desgracia, Marta se acostumbró a ocultar sus pesares para no lastimar con ellos los goces extraños; había hecho de su resignación un motivo de orgullo, y temblando delante de aquella puerta, manifestó su deseo terminante de hacer sola la trágica visita, poblada de visiones amadas y de dolorosas impresiones.

Quería a todo trance evitar el espectáculo de su propia emoción, que ya nublaba sus ojos de lágrimas y estremecía su voz con inflexiones de angustia.

Pisando, sin mirarle, un camino cegado por la hierba, Marta se dirigió a la entrada principal.

—¿Y los dos escalones de losa?—pensó, buscándolos con el pie.

Allí estaban, debajo de una alfombra de maleza...

La puerta, sin llave, la dejó pasar, con un prolongado chirrido lastimero de sus visagras enmohecidas.

Tras una ligera vacilación, penetró habitaciones adentro, asomándose a unas y a otras con impaciencia y temor, como si a un tiempo las quisiera ver todas y no quisiera ver ninguna.

Fué aquélla una prueba terrible para su valeroso corazón.

La casa, desocupada, sucia, con paredes y techos agrietados, con el empapelado hecho jirones, los cristales rotos y los balcones cerrados, le pareció el esqueleto de aquella pulcra y alegre cuya memoria acariciaba con los suspiros de su triste soledad.

Fué doblando postigos para que la luz la dejase apreciar en toda su crudeza aquel semblante desolador, y embargada por amarguísima pena iba pensando:

—¡No, no podré vivir aquí, imposible!... ¡Me moriría de tristeza!

Quiso huir de las estancias invadidas por todos los quebrantos del desaliño y el abandono, y cuando, asustada de sus mismos pasos y de sus propios gemidos, buscaba vacilante la salida, clavó los ojos sobre la puerta cerrada del cuarto de su madre.

¡Su madre, tan bella, tan joven, había muerto allí hacía doce años!...

La dulce imagen de aquella mujer, evocada ansiosamente, poseyó todo el pensamiento de la niña, que, tranquilizada de pronto, abrió la puerta con respeto, con cuidado, como si alguien durmiese o rezase dentro de la pieza vacía.

Y entonces se ofreció a las pupilas llorosas una inesperada escena.

La ventana, abierta de par en par, permitía al sol

de la tarde extenderse en el suelo de la habitación, y en un extremo de ésta, donde estuvo la cama en otro tiempo, sobre el brazo de un aparato de luz, una gentil paloma se arrullaba a sí misma suavemente, alisándose con el pico las alas blanquísimas.

Ante la aparición de Marta, la paloma tendió un claro vuelo, sin grandes muestras de prisa ni de susto, casi rozando la frente de la joven, que, encantada del hallazgo, sintió agitarse, con súbita alegría, los latidos de su corazón, al compás de las alas del ave.

¿Estaría aquella paloma esperándola allí por orden de Dios para retenerla con la imagen de una belleza candorosa y pura?...

¡En qué imaginación de mujer no tiende su vuelo suave una esperanza vestida de paloma!...

Pisó Marta con delicia la pieza de sol tendida en el cuarto de su madre, y avanzó hasta la ventana, que la dejó ver un hermoso cielo azul, unos árboles lozanos y erguidos, una mies extensa, un monte lejano, el pueblo acomodado en el valle, y sobre el pueblo, protectora, la torre de la iglesia parroquial.

Una grata sensación de consuelo se dilató en el alma de la niña, que bajó los ojos, ya secos de lágrimas, a su jardín, asolado, sin arbustos, sin trepadoras, sin rosales.

Pero ya Marta se rebelaba. Ahora la palomita, motivo inocente de aquella reacción bienhechora que la muchacha sentía en todo su ser, se paseaba por el huerto, muy despacito, con aire coquetón.

Marta, mirándola, sonreía sin saberlo, y mientras sonreía continuaba sintiendo en su corazón las alas de unas consoladoras ilusiones, el cándido arrullo de una alegría insinuante, que ella lloraba ausente hacía ya mucho tiempo.

Y pensaba: "Plantaré allá abajo violetas y claveles; otra glicinia, otra pasionaria...; haré arreglar mi pobre casita; dormiré en esta habitación y pondré aquí el retrato de mi madre, su piano, sus libros de oraciones; dejaré que el sol entre cuando quiera por mi ventana; ¡y acaso vendrá a posarse en este alar la blanca palomita que con un solo vuelo de sus alas me ha infundido esperanzas y valor!..."

La buena mujer que esperaba impaciente y temerosa por la tardanza de la joven, cruzó el huertecillo, entró en el portal, y asomándose al hueco de la escalera, gritó:

—Señorita, ¿baja usted?

Con sencilla franqueza contestó Marta:

—Puedes tú subir..., que ya no lloro...

LA QUIMERA

LA QUIMERA

REGUNTÓ por Casilda a la puerta.
—Pasa, hombre, pasa—le contestaron—, ahí la encontrarás, en el lavadero, tan guapetona como siempre, tan castiza para el trabajo y tan sucumbida al *aquel* tuyo... Echa por este camino, tira a la derecha, y allí está, lava que te lava...

Tuvo el visitante para este discurso afectuoso una leve sonrisa, entre benévola y displicente, franqueó la verja y avanzó por la anchura del parque.

Se le quedó mirando el jardinero con mucha sorna.

—¡Atiza con el mozo! ¡Y que no se da poco pisto que digamos!... ¡Caray, qué humor!

El buen hombre se puso a liar un pitillo y a rumiar unos cuantos pensamientos al compás de sus vaivenes de cabeza, todos afirmativos, como si asegurase:

—Sí, señor... Sí, señor...

No decía nada, pero se estaba convenciendo de que Tino parecía otro talmente; hasta en los andares, hasta en la caída de los ojos... Y luego, la barba cerrada, el bigote retorcido... ¡y el traje, los zapatos, la gorra!... ¡Vaya, que no era el mismo!... Todo ello *motivao* a que don Cleto, por no saber en qué dar, empeñóse en darle la mano a Tino, y de criado de labranza que era le metió en finuras de camarero; le hizo algo así como "señorito de compañía y amo de llaves", hasta que para más relieve se le llevó a los Madriles, y por allá le tuvo una buena temporada... La cabeza del jardinero seguía afirmando rotundamente:

—Sí, señor... Sí, señor...

Ya está hecho el pitillo y encendido al amparo de la boina, de espaldas al viento.

Entre chupada y chupada, Casilda, la novia de Florentino, se aparece en el soliloquio mental del hortelano, que entonces chupa más fuerte, escupe y acentúa sus cabeceos.

Porque era Casilda *muy guapísima* y muy mula para el trabajo, muy acabada para mujer casadera... Pero, ahora..., ya "no hacía clase" con Tino; ¡que no eran aparentes para una misma yunta, vamos!

Y la inquieta cabezota del hombre, cambiando repentinamente de rumbo, comenzó a decir:

—No, señor... No, señor...

* * *

Así como iba Florentino por la senda central del jardín, con el aire jactancioso y la sonrisa protectora, sintió calladamente el imperioso llamamiento de una mirada, y volvió la suya de aquel lado por donde le venía el aviso.

Al pie de una magnolia, con un libro en la mano, vió sentada a una gentilísima criatura que atendía con extrañeza a los movimientos del intruso; los ojos azules de la lectora fueron los que llamaron de aquella manera autoritaria y muda a los ojos endrinos del visitante.

Siguió él avanzando, mirándola siempre con intensa fascinación. Ella se puso de pie como si pensara retirarse. Era casi una niña, el vestido le flotaba muy corto, la melena muy rizosa, la manga muy recogida sobre el brazo desnudo.

Como el joven se adelantase hacia la señorita bajo el ciego impulso de una atracción invencible, ella, tomando con prontitud un sendero transversal, ganó la escalinata y entró en el hotel sin volverse a mirar al importuno.

Pronto logró el muchacho dominar su turbación; mas al dirigirse al lavadero no iba tranquilo ni diligente.

Salió allí Casilda a recibirle con el rostro cubierto de emoción. También llevaba el vestido flotante, la blusa remangada sobre el brazo desnudo; también era casi una niña, rubia y hermosa.

Pero el novio la envolvió en una mirada tan implacable, que dejó de sonreír. No pudo, sin embargo, contener el movimiento amoroso de tenderle las manos y la palabra.

—¡Tino!

Con su gesto impertinente rechazó el joven aquel saludo:

—Me llamo Florentino... ¡Quita, mujer, que estás untada de jabón!

Demudóse el semblante lozano de Casilda. Desconocía a su novio. No era él: ni en el porte, ni en la cara, ni en el corazón. Ella supo que venía cambiado, pero no creyó encontrarle desconocido. Muy confusa, quiso añadir algo para disimular su pena.

—¿Has llegado hoy?

—Hoy mismo.

La seguía mortificando con aquella mirada burlona y despreciativa, y a punto de llorar, habló de nuevo la moza.

—¿No tienes nada que decirme?

Vaciló un poco el mozalbete.

—Sí... Quería saber quién es "una" que he visto ahí en el jardín, leyendo debajo de un árbol.

—¡Ah!... ¿Eso te interesa?... Es la hija mayor de los señores, que ha salido ahora del colegio.

Hubo una pausa embarazosa, y Casilda, ya sin domeñar su indignación, dijo:

—¿No vienes más que a preguntarme por la señorita?

Se quedó el mozo cabizbajo, suavizó después la expresión adusta, y miró a la muchacha pensativamente. Con dificultad, como quien anda a tientas por un camino ignorado, fué respondiendo:

—Yo no sé a lo que he venido, Casilda; pero es el caso que no tengo nada que decirte..., que no puedo decirte nada... Y "aquello" que habíamos tratado es imposible... No lo tomes a mal; perdona... y hasta otra vez.

—Adiós—repuso la niña, con los labios descoloridos, ronca de angustia.

Y Florentino, volviendo la espalda a la más hermosa realidad de su vida, alejóse para soñar desatinadamente con una quimera...

¡YA NO VIENE!

¡YA NO VIENE!

UANDO apenas andaba y balbucía, ya vino de muy lejos por los mares, y ya en sus ojos, dorados y ardientes, brilló entonces una llama de temeridad: miraba absorto las olas, fijando una codiciosa atención en los horizontes infinitos y en las riberas fugitivas; sin jugar, sin reír, incansable en sus contemplaciones extáticas, viajó atónito, un mes entero, amarrado a la borda del buque horas seguidas, en previsión de un desliz.

Tenía ocho años aquel niño audaz, y entre los mimos de una infancia placentera y dulce, sintió ya la inquietud del porvenir, la impaciente ansiedad de la lucha. El sino de una suerte aventurera le empujó hacia el *Arnao,* un barquito traficante que frecuentaba este puerto desde Asturias.

Cuando llegó el viajero, su madre le esperaba aquí.

Ella, que también tiene el sino de peregrinar por el mundo, venía de otros valles, y al bajar al muelle preguntó por el barco.

—Ancló al amanecer—le dijeron. Y la miraban con extrañeza. ¿Qué podría importarle a aquella señora el arribo del *Arnao?* Mas al punto dieron en el quid los marineros que vivaqueaban en la orilla; y uno, servicial, contó a la forastera:

—Ha llegado un niño a bordo...

Y, halagador, añadía:

—¡Es más guapo..., más agudo!... Ya hemos hecho amistades con él...

La madre sonrió.

—Sí, es, es el mismo—pensaba—, inteligente y hermoso, haciendo amistades en un momento.

Desde la borda del *Arnao,* despedido con entusiasmo por la tripulación, el niño saltó a los brazos de su madre...

* * *

¡Qué lejano aquel día! La madre está aquí; otro vaivén de la suerte la trajo; baja al muelle y ve un barquito sucio de mineral, cabeceante y afanoso en el puerto. Pregunta por él, y le dicen, con esa expresión de languidez que inspiran las cosas olvidadas:

—No es el *Arnao...* Ya no viene...

¡Tampoco viene el niño! Aquel pequeño navegante que de remotas playas trajo el destino, sabe ya de muchos mares,, y barcos, y países... Navegó por las costas de España en buques hermosos. ¿Que adónde iba? A seguir su suerte andariega, empujado por un soplo de audacia y aventura. Después, en un barco muy triste, remontó seriamente los mares, y en traza de "persona mayor" exploró caminos ajenos y habló extraños idiomas. Y, por fin, otro barco fatal se le llevó muy lejos, muy lejos, a ese país de quimera que llamamos el Nuevo Mundo.

Iba sonriente y curioso, esperanzado. Llevaba en sus pupilas el sol de España, en su breve maleta de peregrino unos diplomas de honor ganados en el colegio con muchas notas de "sobresaliente" y una gran novela titulada "El Quijote". Iba por su propia voluntad "a ganar la vida", a poner su mano menuda sobre el corazón tumultuoso de la más importante ciudad del mundo. Un optimismo seductor le colmaba de milagrosas ilusiones: estaba seguro de hallar en la senda desconocida francas amistades y bravos estímulos.

Sin duda habrá para este viajero en todos los horizontes un rayo de luz y en todas las rutas una flor de alegría, porque la alegría y la luz las lleva consigo, las difunde a su paso. Y él presiente que el tiempo le dará lograda y madura la cosecha de fe y de amor que va sembrando solo y débil, poniendo sobre todas las cosas una sonrisa crédula y una mirada de color de oro...

* * *

Hoy que la madre, junto al mar, piensa en el niño ausente, de todos los barcos grandes y lujosos que han mecido aquella frágil adolescencia, la mujer, pensativa, ama y añora uno, sucio de mineral, trajinante y humilde, que un día trajo a esta playa al viajero precoz de los ojos dorados...

Pero el *Arnao* es ya una cosa caduca y olvidada, como tantas de la vida. Y si alguien en el muelle le recuerda, no falta un marinero que murmure con languidez:

—¡Ya no viene!

AQUELLA MESA...

AQUELLA MESA...

o está avaluada en millones, como la de Napoleón, que ha venido a convertirse en el mueble más caro del mundo.

Es clara, lisa, frágil; llegó al pueblecillo montañés hace ya muchos años con el ajuar de un artista, y quedóse a la par de la ventana, en el estudio abierto al campo. La colmó su dueño de cartulinas y papeles, convertidos en paisajes, mientras en los cajones hondos y confiados caían también apuntes y diseños junto a unas cartas de amor escritas con letra breve de mujer.

El pintor, mozo y bohemio, tenía una novia impaciente de andanzas como él. Se casaron para irse muy lejos de la costa boreal, y en su alegre partida olvidaron la mesa.

La pudo adquirir un indiano, y reforzó las débiles cerraduras para guardar con ellas mucho dinero. Donde el amor y el arte habían puesto sus tesoros, guardó los suyos la opulencia de aquel señor, y sonaron las rútilas monedas en los cajones, perfumados todavia por unas bellas cartas de mujer.

Pero al indiano le llegó la hora de morir; bastóle un catafalco lleno de lágrimas de plata, una losa, una inscripción. Y los herederos, después de repartirse las placas de oro, se deshicieron de la mesa con desdén.

* * *

Un poeta la compró; venía a refugiarse en la Montaña dolido de inquietudes y de amores. Y otra vez el mueble aventurero hallóse junto a una ventana que veía los campos y la mar, tocado por la Luna y el Sol, por las brisas gloriosas de la mies. De nuevo se halló cubierta de trazos y de apuntes, mientras sus cajones se llenaban de arte y se henchían con el aroma de unas cartas de mujer.

También a flores transcendia la tabla humilde y acogedora como un altar, porque le gustaba al poeta ver a su lado un ramillete oloroso que solía componerse de angélica y llantén, sándalo rojo y malva real, espliego y agabanzo: florezuelas campestres, según las daba el tiempo, amargas y espinosas, íntimas y cordiales, abiertas en espigas, en corimbos, en haz. Extendían allí su frescura y su olor, impregnando de gracia la madera, y se morían para dejar el puesto a sus hermanas del valle y del monte, poseedoras del nuevo perfume y el nuevo olor.

Supo la mesa entonces muchas cosas peregrinas que sobre ella alumbró el ingenio del vate, supo muchas cosas raras y tristes de un amor sin ventura; sintióse remecida por un aura de inquietud, regada por el llanto del hombre, acariciada por las manos trémulas del soñador.

Sufría el poeta, ebrio de ternuras y de inspiraciones, alcanzado en la frente por una ráfaga de embeleso, herido en el corazón por la desdicha de amar un imposible.

Hasta que un día sintió la necesidad de esconderse en el tumulto de una gran población, huyendo de sí mismo, donde no escuchara las voces inexorables de la mar, los sollozos del viento, el ritmo fuerte y puro de la vida silvestre.

Y al vender su menaje, sólo para la mesa no encontraba comprador de su gusto. En vano la querían un tendero, un fabricante, un cacique; tan extrañas eran las condiciones de la venta, que el mueble se quedó solo en el desmantelado gabinete.

En esto llegó a preguntar por él un religioso muy cansado, muy viejuco, y el poeta, después de oírle con placentería, asintió, doliéndose:

—¡Lo peor es que he perdido las llaves de los cajones!

—Eso no me importa: nada tengo que guardar... Sólo me hace falta la mesa para sostener el breviario y el crucifijo.

—Pues llévesela usted—repuso el enamorado.

Inclinóse con reverencia sobre el mueble y le dió un beso ardiente y durable, silencioso, lleno de lágrimas.

* * *

Ahora, bajo el perfil del sacerdote, recibiendo los piadosos latines igual que antes las confidencias del sentimiento y los acordes de las musas, tiene un cariz de misticismo esta mesa, lisa y humilde como un ara.

No repercute con el estrépito del oro que guardó; pero conoce la creación dolorosa del artista, el secreto dramático de una pasión; adquiere un mérito ideal, que no se cotiza en millones, un sagrado interés por encima de los valores humanos.

Y conservará siempre, con las huellas de este breviario y esta cruz, el aroma de unas cartas de mujer, el surco de un llanto varonil.

Porque la Fe, el Arte y el Amor son dones eternos y divinos que pocas veces se unen en el mundo y que dejan una estela imborrable sobre las almas, sobre las cosas...

EL VESTIDO LARGO

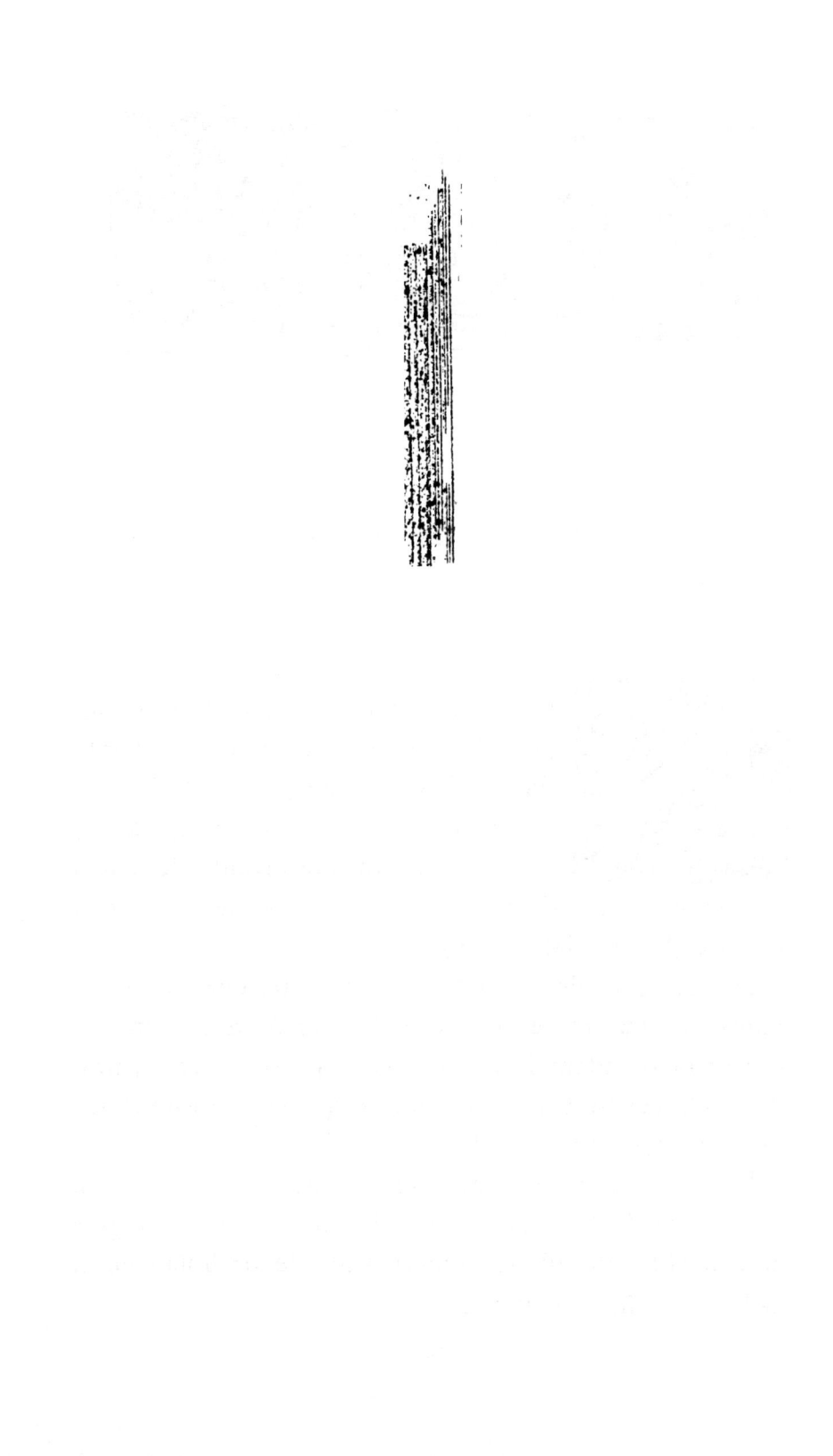

EL VESTIDO LARGO

o es una niña que se ha vestido el traje de mujer y ha echado a andar por el mundo entre flores, celebrada por los cronistas, presentada a la "alta sociedad" en un gran salón; es una criatura que levanta del suelo poco más de un palmo y pisa ya con sus pies desnudos muchos abrojos del camino.

Le han colgado un traje de luto, porque se le ha muerto su madre; es una prenda que llega de limosna al cuerpo abandonado de la niña, y parece muy natural que cualquier vestido, por chiquito que sea, le esté grande a una cría tan menuda.

Tanto le sobra de éste que le han puesto, que ella para andar lo levanta con las dos manos, en una graciosa postura de minué, mientras alrededor flotan en el suelo los paños luctuosos.

Ha llovido a mares; la figura extraña de la niña se yergue inquieta sobre el fondo del cielo turbio, y queda allí vagarosa entre la bruma como la justificación viva del dolor de la tarde; lloran siempre las nubes; el viento gime en las hojas marchitas de un nogal; la escasa luz se refugia en la cima de los montes con apagado temblor.

El pie descalzo de la inocente asoma y huye, incansable, debajo de la falda negra, porque la criatura anda y anda sin rendirse, gustosa de volver la cabeza a mirar cómo arrastra por el suelo su ropa de luto. Está muy contenta con su cola y parece que olvida las terribles novedades de su hogar; pero llega el instante de sentirse fatigada: todo el ruedo del vestido, lleno de barro, cuelga con pesadez, y la chiquilla no puede ya revolverse dentro de la tela húmeda y pingajosa.

Entonces se acuerda de su madre con mucha precisión; corre a llamarla, y le dicen:

—Se ha muerto; ya la enterraron.

Ella sabe muy bien lo que es la tierra—¡apenas sabe otra cosa!—; comprende que su madre está bajo el suelo fangoso y aplica el semblante demudado a las yerbas mojadas del camino para llorar y plañir:

—¡Madre!... ¡Madre!

Nadie le responde; siente hambre y sueño, y cuando ha llamado muchas veces con la voz dolorosa y quebrada, se va quedando dormida.

Algunos, al pasar, interrogan, mirándola:

—¿Tiene padre?

Y alguien dice con absurdo convencimiento:

—No le ha tenido nunca...

Aun durmiendo solloza la niña, envuelta en el vestido helado, que la ciñe como una mortaja. Y lo hubiera sido para la infeliz si unos brazos piadosos no la alzan de su inclemente lecho.

La llevaron a un portal abierto siempre, y así, dormida y sollozante como estaba, la depositaron en el torno de la Inclusa.

Desde el fondo de aquella mansión caritativa una campana levantó en el silencio la dulce clemencia de su aviso; un regazo providencial recogió a la inocente, y en los anales dramáticos de la miseria se borró la mancha del traje de luto, del más triste vestido largo que jamás una niña pudiera lucir...

EL MISTERIO DE LA BODA

EL MISTERIO DE LA BODA

SIDRA se casa; ella no sabe por qué, ni tampoco el novio. Tampoco lo saben las respectivas familias. Y esta ignorancia estupenda ha trascendido al vecindario, produciendo un lento rumor interrogante.

El señor cura, las mozas y hasta los viejos han dicho repetidas veces:

—¿Por qué se casarán Isidra y Nando?

Y después de una breve meditación sobre el misterio de esta boda inexplicable, se ha encogido de hombros la gente.

Isidra es una muchacha honesta y formal, hacendosa. Alta sin gallardía y delgada sin esbeltez, tiene las facciones agraciadas y algo huraños los ojos verdes; casi nunca sonríe.

Nando es un mozo muy bruto y muy feo; un mozo trabajador, de pocas palabras y genio arisco.

Este invierno iba todas las noches a casa de Isidra. Primero tosía, después llamaba a la puerta, y ya aselado en la cocina, fumaba y hacía trenzas en los flecos de la bufanda.

Los hermanos y los padres de la moza le recibían con naturalidad, sin dar importancia a sus visitas, mientras ella trasteaba junto al llar en algún menester de la colación o hacía calceta ágilmente en una esquina del banco próximo al fuego.

Al parecer, Isidra y Nando se inspiraban mutuamente la más absoluta indiferencia.

Ni una mirada expresiva, ni una palabra insinuante barruntaban entonces la boda de esta primavera.

En público los dos muchachos se trataban enteramente lo mismo que en las profundidades de la cocina: ni él la acompañaba ni ella le hacía caso.

Algunas veces le decían a él:

—¡Mucho vas a casa de "esa"!

Y contestaba:

—Sí...

Otras veces le decían a ella:

—¡Mucho va "ése" a tu casa!

También respondía:

—Sí...

Pero en vano trataron los curiosos en sacar partido de estas contestaciones enigmáticas, porque ni aquello era "cortejo" ni cosa parecida.

Ahora, uno que "entiende de pluma" y que estaba

dictando unos renglones sobre el mostrador de su tienda, le dijo al padre de Nando:

—Aquí estoy escribiendo las proclamas de tu hijo, que se van a leer mañana. ¡Qué callado lo teníais!

El hombre se quedó con la boca abierta. Preguntó:

—¿Qué hijo?

Porque tiene varios. Y después de leer con mucho asombro el papelucho que el otro le alargaba, añadió entre muchos meneos de cabeza y una buena rasquina de cogote:

—Pues "entonces" yo se las llevaré al señor cura, por no dar qué decir.

Y se las llevó.

Entretanto, a la madre de Isidra la daban la misma noticia sorprendente:

—Conque mañana se pregona la muchacha, ¿eh? ¡Que sea en hora buena!

Ceñuda y pasmada, corrió la mujer en busca de la novia.

—¿De modo que tú te casas sin consentimiento de nadie, sin decir a tus padres una palabra?

Ella, contestando: "Hoy lo supe yo", rompió a gemir. Los ojos verdes se le pusieron más foscos que de costumbre bajo el denso velo de las lágrimas.

Y la madre, muy intranquila, salió al corral, dió un suspiro, luego puso los brazos en jarras y se quedó mirando al cielo, abismándose en una nebulosa meditación, mientras sollozaba Isidra fuertemente en la esquina aquella del banco donde hizo calceta en las noches invernales...

Ni una sola lengua maldiciente se atreve a poner una mala sospecha sobre el misterioso motivo de la boda. ¡Isidra y Nando se casan *porque sí!*

La idea vaga, indecisa, partió del mozo indudablemente. Después de las sosainas tertulias del invierno, creyó transcurrido el período del noviazgo, y con los primeros días de la primavera se robusteció en su caletre duro el pensamiento del casorio.

Incapaz de someterse a las más elementales prácticas usuales en semejantes casos, Nando tiró por la calle del medio, y derecho a satisfacer su apetito, le dijo a la moza, sin más preámbulos:

—Nos pregonaremos.

—Bueno—contestó la chica; y le entró una gran lloradera, dividida en varias crisis, única manifestación de sus placeres de desposada.

Tal vez Isidra ha pensado que por este procedimiento sumarísimo se casan todas las mujeres, y que las emociones de las novias están reducidas a un susto mayúsculo y a verter un raudal de lágrimas, como anticipo de las que puedan esperarle dentro del hogar.

Nando habrá creído, también, que para cargar con todas las responsabilidades del matrimonio basta elegir una moza, toser a su puerta, aselarse en su cocina en el invierno y decirle en la primavera:

—Mañana nos pregonamos...

Esta creencia de Nando y aquel pensamiento de Isidra constituyen, en suma, *el misterio de la boda.*

No tienen los novios ganados ni tierras, casa ni ajuar. No saben si se quieren: acaso ni simpatizan.

CUENTOS·

A la vuelta del templo el día de la boda, él muy pálido, ella muy colorada, se meterán de rondón en casa del padre del uno o de la madre de la otra, y ¡a vivir!

Porque se llama vida a la realización de estas alianzas hechas sin interés y sin amor, resultado de una ley absurda y fatal, de un imperioso *porque sí*: un misterio que a nadie interesa, ya que no tiene el color negro del escándalo ni el blanco de la ilusión.

...la puerta del templo al salir de la boda, el muy pá-
lido, ella muy colorada, se miraban de fondo en cara
del padre del uno ó de la madre de la otra, y ¡a vivir!
Porque «llama vida a la reclusion de casa ajena,
sus fiestas sin interés y sin amor, regulado de una ley
absurda y total, de un imperioso porque sí; un misterio
que á nadie interesa, ya que no tiene el color negro
del escándalo ni el blanco de la ilusion.»

LAGRIMAS DEL VALLE

LAGRIMAS DEL VALLE

Se llama Querube este pastor.
Pudiera creerse que a tal nombre sublime iba a responder un niño angelical, de rubias melenas y ojos celestiales.
Pues no es así; responde a un hombrón de edad indefinida, caído al otro lado de la juventud, huraño de carácter, feo de cara, con luengos cabellos hirsutos.
No es un pastor manso, de leyenda, que sabe romances y canta villancicos; no es de esos que llevan todos los días la rehala a travesío desde el valle hasta el alcor, y vive un poco en el mundo, y busca, alguna vez con afición, los suaves caminos de la mies. Es un ser adusto y montaraz, que aballa los ganados en el alto puerto y desciende a la vega muy raras veces; tiene los ojos ceñidos en un gesto de présbita, bajo el cual su

vista de lince avizora los contornos lueñes de la serranía y descubre los temibles ostugos de las alimañas; tiene un rudo corazón que ama con salvaje tenacidad la grave quietud de las cimas, y es feliz en la silvestre altura, entre la mansedumbre de los rebaños. Allí cuelga su invernal en un bravo repliegue de la tierra virgen, sobre las llecas nunca rotas, y deja correr su vida, muda, en el sagrado silencio de la cumbre.

Si quiere cambiar de panorama, sabe deliciosos lugares donde una cajiga monstruosa o una bárbara peña le ofrecen asilo amistosamente. Y si alguna obligación le empuja al llano, baja molesto y hosco, huye de los vecinos y se incomoda con las gallinas que picotean en el corral de su hermana.

Muchas veces, en broma, le dicen:

—¿Por qué no te casas, Querube?

Y suele responder con fiero ademán y acento duro:

—¡Si los críos en caso de hambre se pudieran matar para comerlos!...

Las gentes aseguran que este montañés es un desalmado, un egoísta sin entrañas, capaz sólo de vivir entre reses y brañales.

Tiene cuatro hijos la hermana de Querube, y cuando él baja a la aldea una vez al año, ella procura que los chicos no le molesten; pero ellos, por la extrañeza que les causa el intruso, le buscan y le acosan: el hombre gruñe; los niños ríen.

Hoy el dueño del ganado que custodia el pastor le avisa que baje para llevar algunas vacas a la feria; con mal gesto obedece.

CUENTOS

Tienen que yacer los animales en el soto para continuar el camino con la aurora, y a media tarde ya gotean las esquilas del rebaño su fresco rumor en la hondonada.

* * *

Tiempo de primavera. Está el aire caliente y oloroso; en el campo nuevo se mecen con dulzura los narcisos jalde, las orquídeas blancas, las miosotis azules y las flores purpúreas de la digital; toda la pradera, extendida hacia el río, es un lujoso tapiz, blando como el sueño, lleno de aromas y color. En el fondo del ansar cunde la alfaguara recia y bullente, saturando de frescura la selva, recogiendo en su clara voz todos los rumores campesinos, y en lo más apartado del bosque se abre el sel donde sestea el ganado al regosto de la hierba primeriza, esperando la siguiente jornada.

Un grupo de rapaces amontona con mucha diversión el rozo de un helguero en la linde misma de la ribera, y prende lumbre a las árgomas dóciles, prontas a extender su llama audaz por todo el aledaño.

En medio de las risas infantiles surge de repente un grito de terror y la desbandada general de los arrapiezos deja ver a una pobre criatura que, con las ropas encendidas, huye locamente, gira sin rumbo, como un globo de fuego, y cae, por fin, en la tierra, sin dejar de arder.

Los alaridos de la chiquillería llegan al vecindario, infundiendo la alarma entre las madres, y la hermana del pastor recibe un tremendo aviso: la criatura abrasada es su hija, la mayor, una linda chicuela de siete años.

Corre allá despavorida la mujer y encuentra a Querube inclinado con terrible ansiedad sobre la niña, cuyas ropas arden aún.

No se sabe cómo se apareció allí, de hinojos en la tierra llana, nunca amada por él, apagando con esperanza temblorosa los vestidos abrasadores de la inocente. Pero se sabe, con inmensa estupefacción, que en aquel minuto raro de su vida tiene un rezo jamás dicho en los labios y unas lágrimas nuevas en los ojos. Se sabe que sus manazas encallecidas despliegan una milagrosa ternura para librar a la mártir del tormento; se le ve despojarse de la blusa y envolver en ella el cuerpo inerte, levantarle en los brazos y conducirle con infinita solicitud al través de las praderas, hasta la casa.

La niña puede alzar los párpados y snreír a Querube antes de volar al cielo.

Y quédase el pastor herido de una pena que le hace llorar horas seguidas, sin sentir las quemaduras de las manos, tendiendo por primera vez las alas de la memoria en agitado vuelo por la vega.

Hasta que, movido por súbitas inspiraciones, se yergue, resonante y brusco, acude al sel, donde le aguarda su paciente rebaño, y le envereda de nuevo por las brañas arriba, camino del monte.

Cantan los aljaraces, destilando con honda placidez las gotas de su música en las voces del río, por la margen sativa, donde toda la belleza del campo se convierte en flores. Y Querube solloza detrás de aquel dulce retiñir, anhelante de la cumbreña soledad, desobediente al cautiverio de la llanura, amargado para siempre el corazón por las eternas lágrimas del valle,.

EL REGALO DE INOCENCIA

EL REGALO DE INOCENCIA

EL REGALO DE INOCENCIA

Inocencia hacía honor a su nombre; era inocente.

Con los ojos ávidamente abiertos sobre sus diez y ocho años campesinos, todos los misterios de la vida le ofrecieron su naturalismo salvaje sin despertar en ella malicias ni sobresaltos. Las revelaciones habían sido tan bruscas y descarnadas para los ojos de la niña, que no hallaron tiempo de tocar a su alma con pérfidas insinuaciones refinadas y sutiles, como esas que muchas veces usa el espíritu del mal, valido de un engañoso ropaje de cultura y civilización; y apenas si la mozuela había pestañeado ante la atrocidad de brutalidades que miraba todos los días, en una existencia áspera y ruda.

Inocencia era guapa y era presumida, y a Inocencia le

gustaban mucho los mozos y tenía muchas ganas de casarse... Todos estos gustos y deseos le hacían sonreír con una dilatada sonrisa bobalicona, que daba mucha risa a los demás.

Aquel año, justamente el día primero del año, había entrado la chica a servir de zagala en casa de unos señores de la villa. La casa era alegre; todos estaban allí muy contentos; todo se arreglaba muy lindamente en el hogar de aquellos señores. Y de la vida fácil y dichosa brotaban chanzas y retozos, como brotan los suspiros y los lamentos de las pobres vidas tristes.

La víspera de los Reyes, la familia cuchicheó risueña, preparando una broma a la muchacha, y después de meditado y discutido el asunto, la señora llamó a la chica y con mucha solemnidad le dijo:

—Mira, esta noche vendrán los Reyes como de costumbre...

—¡Ah! Pero ¿vienen de veras?

—Pues claro, mujer; vienen a traer un regalito a los niños..., y a veces también a las zagalas. Después que cenemos, arreglas bien el comedor y preparas en la mesa el servicio del café, porque los viajeros traerán frío y hay que obsequiarles con algo caliente. Dejas buena lumbre en la estufa y allí mismo, arrimadita, la cafetera, que yo les serviré; porque vienen muy tarde, y todos os iréis a la cama, menos el señorito y yo.

Inocencia tenía los ojos abiertos como nunca. Era aquella la mayor sorpresa de su vida, y le hacía los honores con la sonrisa más sosa de cuantas habían iluminado su cara de angelote.

¡Conque venían! De modo que era verdad. ¡Y traían regalos! ¿Habría que dejar la puerta abierta o entrarían por el balcón? Tendría que sacar la porcelana fina y las bandejas de plata. ¡Vamos, que venir los Reyes! ¿Le traerían algo a ella?...

La mozuela estaba atortolada; ya no supo hacer nada derecho, ni tuvo ganas de cenar, ni acertó a cantar al nene más que *oba, oba,* a secas, sin una pizca de seguidilla ni una miaja de tarareo gracioso.

Todo se volvía preguntar a las otras sirvientes y a los niños que, ya mayorcitos y muy aleccionados, contestaban acordes con la estupenda noticia que tan conmovida traía a la muchacha.

Mal durmió aquella noche Inocencia. A menudo, incorporada, en su cama, prestaba atento oído a imaginarios rumores.

Los misterios humanos no la habían desvelado jamás; la revelación de aquel secreto divino que se le había venido encima era motivo de su primer insomnio. Y la buena sonrisa candorosa, compañera inseparable de su ingenua juventud, se tendía cándidamente sobre sus ojos adormilados, abiertos en la oscuridad.

Madrugadora y diligente, subió al comedor, al amanecer, con una vela que ardía temblorosa en la mano robusta...

Allí habían estado los Reyes; ¡vaya si habían estado!

Las tazas finas y elegantes tenían un especial aspecto majestuoso encima del tapete encarnado. Guardaba cada una un poso de café muy frío, muy dulce, muy rico. Así le pareció a Inocencia después de haber apurado, respetuosamente, las gotas espesas de cada taza. No lo habían hecho por golosina, sino por devoción. Tendría que sacar la porcelana

Y la niña, relamiéndose de gusto, se dedicó a ejercitar otro de los sentidos corporales, que le ponía en relación con la santidad de los Reyes y con el milagro de su visita. Olía, allí divinamente, olía a cielo, a gloria, con aroma más precioso que el de los polvos de la señorita, que el de las flores del huerto.

Alguien hubiera creído que aquel perfume delicado pertenecía a un cigarro exquisito apagado en el comedor a última hora de la noche, pero bien sabía la mozuela que allí olía a Reyes Santos; ¡era indudable!

Después de un largo olfateo delicioso, Inocencia quiso corroborar su milagro con sus propios ojos; algún rastro de la regia visita, y con inspiración súbita abrió la puerta del mirador.

Ya clareaba. Al principio no evidenció más que la vívida y turbia de la mañana tardía. De pronto, en la cesta de la costura, colocada en el suelo, vio brillar el aro de un tambor y el cañón de una escopeta. Y luego, revolviendo envoltorios provocativos, adivinó juguetes abundantes, desdobló con trémula mano el papel, que decía con letras como puños: *Para Inocencia la zagala.*

¡Era para ella, para ella mismo aquel hermoso pañuelo de seda rosada con franja encarnada, de rosas sangrientas encima del tapete encarnado.

caía de rodillas, las manos cruzadas, riendo y llorando, con el susto más grande de su vida.

Los chiquillos llamaban a su madre, y burlones, maliciosos, la interrogaban con impaciencia. Puso ella gravemente un dedo sobre los labios, y dijo seria y conmovida:

—*Han venido los Reyes;* ¿habéis oído? ¡Cuidadito con que Inocencia sepa que es mentira!

Obedecieron los niños sumisamente. Quiso la señora guardar alrededor de la muchacha el piadoso secreto, y por cierta quedó aquella santa visita durante mucho tiempo en el más sano corazón de diez y nueve años que ha latido serenamente bajo un rosado pañuelo enguirnaldado con flores.

INGRATITUD

INGRATITUD

INGRATITUD

La puerta roja y carcomida del tío Cotera estuvo cerrada muchas horas y atrajo a las vecinas con la incitación de un párpado caído en guiño misterioso. Hasta que al crecer la noche, una trémula voz comenzó a sollozar deshilvanados discursos dentro de la casa, y el coro de comadres escuchonas pudo comprender que el dueño de la casa estaba delirando.

Entonces se destacó del grupo femenil la más diligente de aquellas curiosas, para avisar al Ayuntamiento, severa medida que con la gráfica expresión de "dar parte", solemnizan los pueblos chiquitos las graves cuestiones de orden público y los tristes descubrimientos como el que se había hecho detrás de la puerta roja del tío Cotera.

Mientras las autoridades decretaron el puntapié oficial a que se estaba haciendo acreedora la madera ruin, el viejo encerrado gemía con una vocecilla rota y angustiada:

—¡Ave María Purísima! Hermanos: una limosna, por Dios, a este pobre vergonzante; que desde la semana pasada no he comido... Hermanos: ¡una caridad!

Y el tenue acento se perdía en un sollozo, en un hipo de llanto conmovedor.

Cuando cedió la puerta, a la intervención contundente de un municipal, aparecióse el infeliz anciano hundido en un flaco jergón que le servía de lecho: tenía demudado el rostro, sucia la ropa, frío y temblón el miserable cuerpecillo.

Miró vagamente a las personas que le rodearon y pidió con ansia un pedazo de pan, un vaso de licor; llevaba tres días herido de mal de muerte y al rebelarse a morir soñaba que tenía hambre y sed.

La casuca del tío Cotera se registraba de una mirada sola y lucía por único mueblaje la yacija, una cazuela, un baúl desocupado y un paraguas pendiente del techo.

El mísero hogar, apagado, y el pobre viejo, moribundo, se completaban en una imagen helada y dolorosa, toda desamparo y cuita. Pero la compasión transformó pronto la mezquina choza. Ardió en el llar la leña perfumada con romero, se le puso al paciente ropa limpia y se consoló en lo posible su debilidad y su sed, mientras un sacerdote se afanaba en ayudarle a bien sufrir el último dolor humano.

—¡Está transido de abandono!—dijo una voz compungida.

—¡Está acabando!—suspiraba otra.
—¿No tiene una hija?—interrogó el cura.
—Sí, señor; anda sirviendo en la ciudad.

Un silencio triste cayó encima de estas palabras tan sencillas, reveladoras de un terrible delito de ingratitud.

Aquel viejo abandonado tenía una hija, capaz de sostenerle y cuidarle; aquella casa fría y oscura tenía una moza ágil y dispuesta para enjalbegar las paredes sombrías, para encender el raso fogón. Y aquella mujer, joven y sana, había desertado cobardemente de la casa pobre, del padre senil, del llar humilde, abatido en la tierra.

Nunca le faltó a la moza un buen jornal en el pueblo, y hubiera contado fácilmente los escasos días del padre en la santa paz del deber cumplido; pero era hermosa de cara y dura de corazón; era codiciosa y egoísta.

Le pareció poca gala una chambra de percal para su busto garrido y poca finura la del calzado montañés, de madera; quiso un pechero de raso; unos zapatos de rejilla, medias caladas, blusa tornasol...

Cuando al moribundo le mentaron la muchacha se le atragantó la pena en un ronquido de agonía, y volvió el rostro, macilento, hacia la pared. Al poco rato expiraba, repitiendo con lengua estrapajosa:

—¡Una lismonita para uno que se muere de hambre!

La piedad de los vecinos amortajó al viejo y encendió una vela a su lado; después, la puerta roja se volvió a cerrar.

CONCHA ESPINA

Aquella noche despertó el ábrego dormido en los montes azules; despertó furioso, y sacudiendo la enana casuca del tío Coteras, amontonó contra el postigo colorado toda la seroja que pudo levantar en las campiñas y en los ansares.

Dentro de la choza, un ratoncillo roía la madera apolillada del baúl; el cirio se había apagado a impulsos del mismo soplo que balanceaba el paraguas enorme, removía el varillaje de la techumbre, y atacando con facilidad las numerosas rendijas de los muros, silbaba un cantar atroz en la misma cara dura y yerta del muerto.

Al amanecer el siguiente día, bajo pálidas nubes de otoño, doblan en posa de difuntos las campanas parroquiales, y las hojas marchitas cubren de crespón amarillo el umbral silencioso donde la muerte reina.

Sube la tarde, se despliega la sombra y aquel hombre que tenía una hija ¡iva a salir por última vez del hogar desvalido, donde un gran paraguas, abandonado también por viejo y por inútil, cabecea sobre el ataúd, como si en patética despedida dijese: "Adiós... adiós..."

Cuando al moribundo le mentaron la muchacha se le atragantó la pena en un ronquido de agonía, y volvió el rostro, mac... ...ved. Al poco rato expiraba, repitiendo con lengua estropajosa:

—¡Una limosnita para uno que se muere de hambre!

La piedad de los vecinos amortajó al viejo y encendió una vela a su lado; después, la puerta roja se volvió a cerrar.

LA MONITORA

LA MONITORA

 pasos menudos y ligeros llega la niña corriendo a su casa, y muy gozosa grita a su madre desde la puerta:

—¡Mamá, ya *ero* "monitora"!...

Viene del colegio esta rapazuela; viene de una gran sala de párvulos que hay en el fondo de un jardín umbroso, limitado por una verja, en el corazón de la villa.

La hermana, paciente y amable, que agita en este salón las alas de su toca, ha puesto a la chiquitina un distintivo honroso y codiciado—acaso una medalla luciente, acaso una banda de seda—, y en premio a alguna hazaña de quietud o de sumisión, la ha proclamado, solemnemente, "monitora"...

En honor de estas señoritas diminutas que cumplen sus deberes de colegialas con encantadora formalidad, las buenas hermanas han convertido en femenino el género de aquellos nombres, ahora desusados, con que los tribunos de Roma distinguían a sus acompañantes y consejeros.

Y esta muñeca de cuatro años, que con la carita radiante, con el acento conmovido, se ha presentado en su casa, orgullosa de su triunfo, no es, pues, una niña cualquiera, no es una presumida "de tres al cuarto", ni una enredadora "del montón", es ¡una "monitora"!

La noticia del honor merecido por la pequeña ha sido transmitida al resto de la familia con la debida solemnidad, y en la mesa se ha celebrado este primer triunfo de una vida inocente, tierno capullo de mujer; porque ha tenido la madre un gran empeño, una gran complacencia en dar importancia a la concesión de aquel título; quiere que la nena no olvide nunca el primordial homenaje de su vida, logrado por la asiduidad y la sumisión.

Ella puede ser con el tiempo ornato de un paseo, reina de una sala, novia en una boda...; pero nunca le será concedido tan graciosamente ni con tan sugestiva simplicidad, un galardón semejante a este de "monitora" que acaba de recibir. Jamás ningún otro premio brillante y ostentoso tendrá para la madre el encanto de este ínfimo, chiquitín al parecer. ¡Premio y niña son de la madre por completo, única y totalmente! Medalla, banda y chiquilla, todo junto lo estrecha en sus brazos codiciosos, sin rivalidades y sin esfuerzo... Mañana, la corona de la reina, el velo de la novia... ¡no serán prendas suyas! ¡El tierno capullo convertido en rosa, habrá sido arrancado de la tierra donde la madre le cultiva de hinojos con lágrimas y besos! Y hoy que, prevenida por el dolor, abre los ojos sobre un mundo de memorias, quiere celebrar con inusitada fiesta el éxito de la niña.

Es preciso que, aprovechando el asueto de este jueves por la tarde, la "monitora" reciba, en el mirador alegre y espacioso, a unas niñas pobres del barrio, en obsequio de las cuales corran un inminente peligro los más guardados juguetes, y sea presentada, a la hora de la merienda, una hermosa bandeja de dulces.

Y cuando, cansada de jugar y de reír, la niña se duerma dentro del barandaje de su camita torneada, irá la madre a recoger, blandamente, en el santo pechito, las insignias honrosas; sobre la seda de la cinta, sobre las reverberaciones de la medalla, soñará un largo rato abismándose en recuerdos, y después de poner una fervorosa oración encima de esta medalla y de esta cinta, irá a guardarlas dentro de una caja olorosa, en la cual palidecen unas cartas de amor, revueltas con unas flores mustias.

Entretanto, la "monitora" soñará apaciblemente con la duración de todas las venturas humanas...

EL CABALLERO TRISTE

EL CABALLERO TRISTE

ENÍA con nosotros un extraño pasajero, ese que casi en todas las navegaciones largas suele llamar la atención distinguiéndose por su aire misterioso, por su soledad y su melancolía; ese que Edmundo de Amicis vió también a bordo del *Galileo,* y a quien comparaba con Nino Bixio, el célebre guerrillero italiano.

Cuando aquel viajero se eclipsaba durante muchas horas seguidas, corria por el pasaje como un escalofrío la idea de que se hubiese arrojado al mar.

Llevaba el solitario en los ojos una trágica expresión, en la frente un doble profundo, lleno, tal vez, de una historia sombría. Y se extasiaba contemplando la estela del buque, inmóvil en la proa, con la mirada fija en las inquietas espumas; diríase al verle absorto allí, que él también dejaba en su vida un gran rastro hirviente y musitador... Algunos creían que se pasaba las noches a la luz nitescente de la luna, contando las olas y las estrellas; aseguraban otros que tenia perturbada la razón; le llamaban *El caballero triste,* y de cierto se supo únicamente que era hijo de España.

Nos acercábamos al fin de nuestro viaje y ya sentíamos viva y ardiente la impaciencia del arribo. Se lucían por todas partes los ojos iluminados; las caras alegres: sólo el viajero desconocido parecía extraño a la general emoción y se obstinaba en sus meditaciones, cada vez más sugestionado por la estela blanca del buque.

Se agolpó hacia la borda el bullicio y el movimiento en una intensa ráfaga de placer: todas las manos se tendían vibrantes a la tierra, la bella tierra española.

La nube de embarcaciones menudas que acechaba al navío, se ciñó en torno suyo, apresándole, llenándole de voces y de solicitudes. Y alzóse en el barco un resonante clamor de alegría; los saludos estallaban expresivos, los pañuelos flamearon como banderas, volaron por el aire los besos y los hurras.

El buque surgía en su tenedero, cerca de los muelles, y la escala, extendida, palpitante, se colmó de gente que fué llenando los botes y sembrando de animadas escenas la bahía.

Atrás dejamos en ingrato olvido el trasatlántico generoso que nos devolvía a la patria; quedóse mudo sobre las aguas frías y azules; quedóse quieto bajo el temblor festivo de sus grimpolines.

Las barcas atracaron a la machina con las velas sonoras sobre sus cordajes, los remos encendidos en la púrpura del ocaso.

Y al tocar la ribera se repitieron los cambios fervorosos de caricias, los dulces chasquidos de los besos; los había de madres, de esposas, de niños, de ancianos: besos a montones, ebrios de ternura, largo tiempo soñados y contenidos en anhelante espera.

Sólo al caballero triste nadie le besaba, nadie le estaba esperando. Desembarcó sombrío y silencioso, con la oscura expresión de las pupilas muy clavada en la tierra, y cuando puso en ella los pies, se quitó reverente el sombrero, hincóse de rodillas y, trémulo, demudado, enternecido, la saludó con un beso inefable, el más santo, el más inmaterial y puro de cuantos arrulló la marea en una hora bendita de repatriación.

Estaba anocheciendo: las últimas luces de la tarde se cernían duraderas en las aguas como si la llanura del mar quisiera detener en su confín, con la tristeza moribunda del sol, la solemne tristeza de aquel beso...

LA RENTA DE LAS SEÑORITAS

LA RENTA DE LAS SEÑORITAS

oy empieza a trabajar Fermín en las obras del palacio.

—Ya lo sé; tiene labor para todo el invierno; un buen jornal que él y Ana han prometido guardarnos a cuenta de lo que nos deben.

—¡La renta de dos años!

—Con la muerte de la madre y la enfermedad de los niños, se atrasaron mucho, los pobres. Pero es gente cumplidora; ha sido buena la cosecha del otoño y tendrán que comer, aunque nos dejen el salario de Fermín.

—¡Mucha falta nos hace!

—¡Mucha!

—La pensión de nuestra orfandad apenas nos alcanza para vivir, y lo que habíamos de cobrar de estas pocas fincas...

—No lo cobramos nunca a tiempo ni cabal.

—¡Nunca!

—¡Nos compadecemos tanto de los que son más pobres que nosotras!

—Sí; nos compadecemos siempre...

Las dos hermanas pusieron en los ojos una blanda expresión para mirarse.

Eran dos hermosuras que empezaban a declinar, arruinadas en la casona donde sus abuelos fueron ricos; una bondad ingénita les llenaba las almas y les ponía en los labios el perdón a las deudas con que los labradores, marrulleros muchas veces y otras miserables, les iban acosando.

Varias primaveras habían florecido en la tumba del padre, último infortunio llorado en aquel hogar con amoroso dolor, y aún ceñían las dos hermanas sus negras tocas de duelo, alicaídas y mustias, añorando otras galas mejores, negadas a su pobreza.

La solariega más joven, todavía encantadora, pensaba, a menudo, con indómito deseo, en un traje alegre y un abrigo elegante; pensaba, también, en un velo de tul que le nimbara la cabeza en la misa mayor con más gracia que el crespón de luto, ya rojo de vergüenza y agujereado de polilla.

Allá, para el estío, cuando cobrasen todos los atrasos de Ana y Fermín, se adornarían con el decoro propio de su clase: habría, entonces, para ellas, unos vestidos encargados a la ciudad, unas talmas airosas, unos velos sutiles.

Por aquel tiempo estaría en el valle César "el de la

Torre", un abogado muy cumplido galán, algo poeta y enamoradizo, que, muchas veces, contemplaba con arrobamientos a la niña de la casona...

Llegaron los sueños a tomar la forma de segura realidad, porque todas las semanas el honrado Fermín voceaba en el portalón:

—¡Señoritas!... Aquí tienen *esto*.

Y les alargaba un puñado de pesetas.

Flora las escondía en el cofre grande, guardado por sendas cerraduras, y Lisa, sonriente, se miraba al espejo, encontrándose todavía muy bella para gentilear delante de César "el de la Torre".

Alta, rubia, dulce, con los ojos claros y serenos como los del célebre madrigal, Lisa tenía la tez dorada por el sol, el porte señoril, la voz empañada de promesas y ternuras.

Iba ella levantando su castillo de ilusiones, cuando uno de aquellos días de esperanza se llenó súbitamente la calle de crueles lamentos, y una comitiva trágica pisoteó con violencia los adoquines sonoros.

Llevaban "entre cuatro" a Fermín con la cabeza aplastada por una piedra desprendida en las obras del palacio. Ana y sus hijos clamaban con acentos desgarradores; medio pueblo, agrupado en torno a los infelices, hacía coro a sus quejas.

Las señoritas de la casona quedaron aterradas, y una inmensa piedad les hizo acudir con los brazos abiertos hacia la triste viuda y los desamparados niños.

Toda la habitación del malogrado obrero se estremecía con los sones del llanto. Dos penas grandes y juntas desolaban a la mujer sobre los despojos cruentos de. marido; porque la Intrusa, cuando visita a los pobres, lleva dos terribles guadañas: con la una siega la vida, con la otra cercena el pan de raíz en la casa del muerto. Y Ana gemía bajo la pesadumbre de las santas ligaduras, rotas aciagamente, y con el pavor de la miseria caída, de pronto, encima de su hogar.

Mudas a la vera de aquel doble infortunio, Lisa y Flora se miraron con la intensa expresión de bondad con que solían comunicarse los altos pensamientos.

Después Flora, inclinándose hacia la frente abatida de la viuda, derramó sencillamente la caritativa promesa:

—Guardamos enteros los jornales de Fermín: te los daremos todos.

Con blando susurro, la voz enamorada de Lisa repitió como un eco:

—Te los daremos todos.

Ana levantó la cabeza y besó con unción ferviente las dos albas manos que se le tendían.

* * *

Se apaga la tarde: las señoritas no aciertan a despedirse del grupo doloroso. Mirando están al hombre inerte para quien empieza el interrogatorio siniestro del sepulcro, y acariciando están a los huerfanillos, que ya no gimen de espanto ni de pena, sino de sueño y de hambre, presos en el río imperioso de la vida que corre entre la tumba y la Humanidad.

Al cabo de una hora, Ana suspira, también un poco hambrienta; los niños duermen, las dos hermanas ponen una oración sobre el mísero lecho de Fermín y dejan al pobre mozo ya endurecido, con la herida frente bañada por una ola de eternidad.

Van Flora y Lisa cogidas del brazo, abismadas en místico silencio, lleno de compasión. Y es la noche clara y apacible, aunque vibra en la fronda nueva el agudo clarín de los vientos y se oye distinto en la playa el sollozo del mar.

Lisa está siguiendo con los ojos el trote de una nube que tira de la luna en el espacio: quisiera la muchacha olvidar que los recientes ensueños se le malogran como esas flores que nacen y mueren en la cuna del capullo; quisiera la soñadora recluír el pensamiento bajo la impresión terrible que acaba de padecer, y sentirse estoica, abnegada, caritativa, sin ninguna vacilación.

Pero en vano quiere tales prodigios, porque estallan en la campiña todos los cantos mudos de la primavera y se abren las ramas igual que manos implorantes estremeciendo a la noche con apasionado temblor.

Y Lisa escucha, subyugada a su pesar, el fresco murmullo de los arroyos de abril, el acento vehemente de los bosques y de las olas; sorprende en el aire nocturno caricias nupciales que no tienen nombre, y siente, ahora mismo, con rara emoción, que este es el tiempo de las rosas abiertas, de las esperanzas maduras...

Han llegado las señoritas al umbral de su casa; aun vuelve Lisa el corazón a cuantos gritos la llaman de todos los confines del paisaje. Y allí se queda el campo echado en la noche; el mar sólo debajo del cielo; las ilusiones de la moza volando en el ala encendida de las estrellas...

* * *

Dentro del gabinete sombrío Flora se inclina junto al gran cofre de sendas cerraduras y busca en el fondo de él las pesetas ganadas por Fermín, el tesoro que debia convertirse en elegantes vestidos, graciosas talmas, velos diáfanos, tal vez en una seria conquista de amor.

Sobre la consola de nogal una lámpara macilenta esparce tenue luz, sumiendo casi en la penumbra unos muebles antiguos y cuidados, unos trofeos militares extendidos en la pared, una cornucopia dorada cuyo picado alinde abre los ojos con tristeza en las orillas del cristal.

En él se está Lisa contemplando. Su rostro, caliente y gentil, alumbrado con timidez, pone una imagen fantástica y desvaída en la luna, un poco verdosa. Las pupilas claras se hunden con desconsuelo en el traje de luto, viejo y abrumador, que ya no se renovará por otro claro y alegre durante el próximo estío, último año, quizá, de una juventud que empieza a marchitarse.

Y se está Lisa despidiendo mentalmente de César "el de la Torre"; algo muy vivo y placentero se derrumba en su corazón, cuando Flora vuelve de las honduras del baúl, levantando con tembloroso ademán el dinero de la renta.

Dos miradas, llenas de abnegaciones, se cruzan en el aire y se comprenden, y para sellar sin aplazamientos

la confirmada resolución, Flora dice, acariciando el tesoro:
—Cuando amanezca iremos a entregarlo.
La voz adorable de la hermana repite como un eco:
—Iremos a entregarlo...

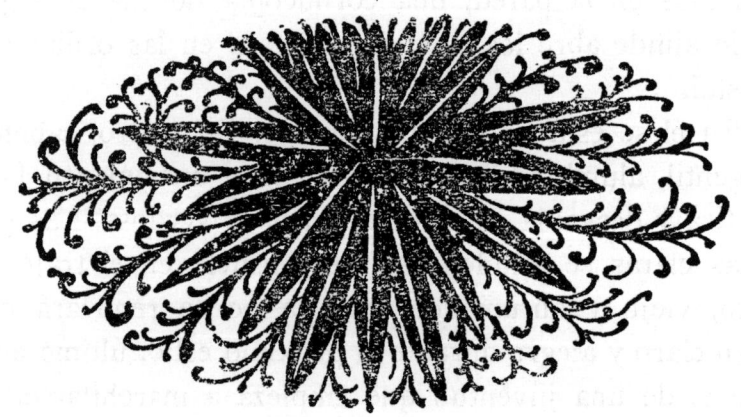

LA VOCACION

LA VOCACION

ESTIDO de hombre, un niño feo llegó a la villa desde la tierra castellana, derecho al Seminario; trae, a su parecer, una vocación de sacerdote en el pecho infantil. Nunca ha visto los barcos, ni la mar, las praderías jugosas, los riscos ni las montañas; acostumbrados sus ojos a las grandes lejanías, tropiezan en los montes con espanto y se detienen llenos de sorpresa en los bravos accidentes de la costa; solamente en el mar se explayan, abiertos hasta el horizonte con asombradísima beatitud; nuestra llanura, agitada en las crenchas de las olas, se le parece de lejos, en lo grande y en lo trémula, a la mies de Castilla, donde el trigo maduro tembló con inquietudes de marejada esperando a los segadores.

Más tarde, torna y vuelve el zagal castellano desde el bosque a la playa, con el azoramiento un poco triste del que ha sufrido una equivocación. La anchura salvaje del Cantábrico, aqui desde la arena, es muy distinta a la suave mansedumbre de la mies: esta voz de la mar, recia y terrible, habla de abismos y de luchas, de tragedias y audacias, mientras el cándido susurro de los trigales anuncia la sustanciosa canción de los molinos, el triunfo alegre del pan y la salud.

Queda el muchacho absorto ante la enorme diferencia de las dos grandes planicies de la patria, extrañando cómo pudo ésta darle una impresión de parecido con la otra.

Y mientras el rapaz se hunde en confusas perplejidades a propósito de las distancias y de las apreciaciones, una señora se le aproxima y entabla con él conversación.

—Eres forastero, ¿verdad?

Movimiento afirmativo de cabeza.

—¿Estudiante?

—Sí: vengo al Seminario.

—¿Te llamas Ezequiel?

—Eso mismo... ¿Cómo lo sabe?

—¿Y llegas de León?

—Justamente... ¿Usted me conoce?

—No; conozco a tu padre y te saco por la pinta. El me escribe recomendándote y mañana pensaba ir a verte.

—Pues, vaya.

—¿Para qué, si te veo aquí?

—No importa: ¡allá arriba estoy tan solo!

—¿Solo?... ¿No sois más de mil?

—Muchos más.
—¿Entonces?
—Pero no conozco a nadie.

Y el muchacho levanta las pupilas desoladas hacia la altura donde se yergue la casa conciliar, robusta y grave como una fortaleza. El alcor que la sostiene domina el mar lejos del poblado y recoge todo el interés del paisaje en lo sumo de las coteras verdes.

También la señora clava instintivamente los ojos en aquel lado ponentino de la villa; luego los pone en el zagal con extremada solicitud y le dice:

—¿De modo que tienes vocación religiosa?
—¿Vocación?—murmura él. Esta palabra indiferente y conocida le produce honda angustia, porque la oye cerca de sí, como a la mar.

Vuelto hacia la señora el muchacho suspira, se encoge, se amedrenta a punto de gemir. La consulta solemne se dilata en un infinito de zozobras ante la ruda inteligencia infantil; en las tres sílabas, antes apacibles y lejanas, descubre ahora Ezequiel abismos y tragedias igual que en la llanura del Cantábrico.—¿Vovación?—repite, como un eco de todas sus ansiedades.

Y la palabra, con sones de pregunta, parece que huye hasta el confín de las aguas y el cielo, interrogante, misteriosa, lo mismo que el sollozo profundo de la marea.

—No sé—acabó por contestar el niño—. Pero si es usted amiga de mi padre, dígale que no me quiero quedar aquí; estoy malo, voy a morirme...

—No, hombre—le alentó la dama—, sufrirás un poco hasta que te acostumbres.

—Es que en el Seminario, entre tanta gente enlutada y silenciosa, tengo susto y no puedo comer...; por la noche el mar no me deja dormir.

Seguía mirando la mujer al chiquillo detenidamente; le encontraba muy ruin.

—¿Cuántos años tienes?

—Catorce.

—Representaba diez; era enteco, menudo; tenía la cara insignificante llena de pecas, los labios descoloridos, los ojos crédulos y grises muy admirados.

Llevaba una ropa hombruna y crecedera, en la cual se reducía la figura enclenque sobre unos zapatos demasiado grandes: toda su traza era lastimosa y absurda.

Y consternada la señora prometió interceder por el infeliz seminarista.

* * *

El padre ausente, rígido, hecho a la austeridad de los antiguos hogares de Castilla, no se ablandó al dulce requerimiento de aquella mujer.

Debía el chico someterse, estudiar y hacerse cura para convertirse en el sostén de la familia. Todas las grandes empresas cuestan algún sacrificio, y es menester que los jóvenes se habitúen, desde muy temprano, a las luchas de la vida. Allí, lejos de las blanduras de la madre, estaba muy bien el rapaz, en el mejor Seminario de España, sin motivo ninguno de protesta...

La dama, compasiva, antes de volver a su retiro invernal, quiso despedirse del muchacho, y hallóle más triste, más débil, más feo y chiquitín que cuando le vio en la playa antes de empezar los estudios. Le besó como a un niño pequeño, llena de lástima y ternura ante aquel dolor y aquel asombro de las pupilas grises donde se refugiaba todo el espanto del pobrecillo estudiante.

Era aquella la última vez que el niño sonreía, traspasado de gratitud. Acompañó a la señora al portal y le dijo adiós, ensombrecido el acento, siguiéndola con la húmeda claridad de los ojos hasta que se perdió de vista.

Unos días después era preciso avisar al padre, porque se moría el rapaz. ¿De qué?

Nadie lo supo. Sin duda de soledades y de añoranzas, del mal del país: una pesadumbre negra y sorda por el hogar lejano, por la tierra ancha y grave de Castilla.

Resignó la cabeza; le consumía un exasperado ardor mientras se le helaban las sienes y se le olvidaban los pensamientos.

Cuando llegó su padre, Ezequiel no le conocía. En el cuajarón frío de los ojos le brillaba apenas, con el instinto, el deseo de recordar eternamente su desventura...

LA CARTA MILAGROSA

LA CARTA MILAGROSA

UMPLIDA la media noche, Isabel rezaba, intranquila, en su lecho cuando oyó a la puerta un insólito rumor, que se podía confundir con el balido de un recental y el llanto de una criatura.

Llanto era: que al cerciorarse del suceso hallóse la desvelada con un niño entre los brazos.

Por lo menudo y suave diríase que acababa de nacer, allí, en el umbral, combatido del viento y de la lluvia. Le envolvía un mantón deshilachado y llevaba por todo ajuar un pañalito ruin y una camisilla leve.

Se hizo cruces la mujer, llamando por testigos de aquel caso de crueldad a todos los santos del cielo. Y con el niño sobre el corazón, de hinojos en los ladrillos colorados de la cocina, aventó el rescoldo de su hogar, coronado previamente por un ramo de chamarasca; así la lumbre alegre de la misericordia calentó al pobrecito abandonado.

Luego, en las brasas de oro que el trashoguero despedía, entibió Isabel un poco de leche con azúcar y se lo fué dando al nene gota a gota, destilada, entre los labios mediante el auxilio de una cucharilla.

Mostróse glotón el pequeñín, chupando el jugo providente con ansias de vida, muy sediento y afanoso, hasta que, bien alimentado y mecido por la anciana, acabó por dormirse.

Allí se quedó ella de rodillas en el suelo, temerosa de despertarle si se levantaba.

Allí se quedó inmóvil, sin atreverse a tocar con las ásperas manos la piel sedosa del querube, celando, vigilante, aquella respiración, casi imperceptible, de la criatura nueva.

Las ascuas relucientes lanzaban una bocanada de humo blanquecino a tiempo que suspiraba Isabel con un ¡ay! largo y trémulo, colmado de añoranzas bellas y tristes.

Eran tales suspiros humo también, revelador de que aun ardían los amores en aquel viejo corazón, donde los sentimientos maternales tuvieron una hoguera encendida muchos años.

Isabel pensaba en su hijo, expatriado casi en la infancia, perdido en esa terrible incógnita de "la banda de allá", ¡la temeraria aventura en que se hunden tantos niños españoles!

Con los ojos abiertos sobre el calibo humeante de

su llar, soñaba Isabel, y unas veces la sonrisa, otras el llanto, iban dando a su cara angulosa los matices de una varia expresión.

La dulce carga del niño contribuye a sugestionar a la mujer con el ensueño de su dicha muerta, la evocación de aquellos días hermosos en que mecía a su propio hijo, lleno de ilusión el cantar... Fueron los años del amor y la juventud que le hicieron más amargas las horas de la viudez y soledad, siempre anhelante por noticias del ausente, muerto o ingrato, sumido en el oscuro misterio de la emigración...

Cuando, al amanecer, se removió el niño, impaciente en el enfaldo de la anciana, estrechóle ella con solicitud contra su flaco seno de abuela, y le cantó con la voz herida y endeble:

La Virgen del Rosario,
nuestra patrona,
tiene un Niño en los brazos
que nos perdona...
Nea, nea...
oba, oba...

Adormecióse el pequeñuelo otra vez, y la vieja, al son de su cantarcillo, levantó el pensamiento hasta la Virgen, pidiéndole misericordia para la madre del niño abandonado. Un punzante asombro la embargaba, considerando que existían mujeres capaces de enechar a sus criaturas, huérfanas y solas, por el mundo, habiendo en los altares una Madre santa con un Niño en el regazo, símbolo glorioso de la maternidad redentora...

Ya empiezan a sonar en los corrales próximos el canto de los gallos y el repique de las almadreñas. La anciana recoge al nene en su lecho, vestido con sábanas de algodón y telliza de percal. Diligente y cavilosa asómase a la calle.

Una vecina le dice, risueña:

—De mañana cantabas, Sabeluca; ¿era soñando?... Porque cantabas la *oba*...

Isabel la hace entrar en su cuarto y le muestra la cama.

—¡Un niño!

—Sí; un jayón.

—¿Cuándo?

—Anoche, a toda ventisca *le corrieron* al pobre ángel de Dios; me sobresaltó llorando.

—¡Y es galán el inocente!... ¿Qué piensas hacer?

—Declararlo a la Justicia y sacar licencia para criarle.

—¿Tú?

—Yo...

La noticia maravilló al vecindario.

¡Sabeluca, la infeliz Isabel, iba a adoptar un *jayón*!

Era gracioso verla, tan triste y achacosa, mecer y cantar al niño con entusiasmo. Su vocecilla, rota y débil, sonaba en el cortil a la par de la lluvia, como una mística letanía regada de lágrimas.

En los brazos de Isabel fué el chiquillo a bautizarse; ella le sirvió de madrina, y los curiosos que acudieron a presenciar la ceremonia, vieron a la anciana llorar en éxtasis delante de la Virgen del Rosario.

Por la tarde, cuando la buena mujer se recogía a

calentar al nene y a dormirle, sucedió una cosa pasmosa, que fué tenida como un prodigio.

Traia el cartero una carta para Sabeluca, ¡la carta esperada tantos años!

El papel milagroso daba noticias de regreso y de caudales; era un raro documento, signado todo con rasgos de alegría...

También aquella noche meció Isabel al *jayoncito*, de hinojos en el suelo; pero no abatió los ojos soñadores sobre el tuero rusiente del hogar: los puso con gratitud en una imagen de la Virgen de octubre, y desgranó sobre el ángel dormido las cuentas del salterio, alzando las avemarías al compás de la lluvia en sonata gozosa, a modo de canción...

EL SOLAR REDIMIDO

EL SOLAR REDIMIDO

L solar viejo se iba arruinando, ya no podía con los blasones; borroso estaba el lema del escudo, enmohecidas las piedras centenarias, ondulantes y abatidos los artísticos aleros, roto el balconaje, agrietadas las puertas.
Murió el último anciano de aquella familia noble, y su hija bajó sola y niña de la hidalga mansión elevada sobre el pueblo, para refugiarse en una casita pequeña desde la cual todos los días miraba con absorto dolor cómo se iban amustiando las praderías que en torno a su niñez lozanearon; cómo crecían las malezas en las lindes del huerto, donde ella cultivó rosas gentiles; cómo se convertía en una sombra la abandonada casa de su padre.

De tanto contemplar aquella agonía desconsoladora,

los ojos de la huérfana se empañecieron con un velo sutil, como de lágrimas, que dió un singular encanto al rostro puro.

Y un día el amor, curioso de aquella nube tendida con misterio sobre unas pupilas casi infantiles, llamó, poseído de reverencia, en los dinteles del hogar donde vivia la soñadora.

Por primera vez en mucho tiempo desoyó la muchacha los escuchos de sus hondas contemplaciones; llegó a la puerta, y sonriente, alargó la mano al compañero que le ofrecía la suya, honrada, para andar la vida juntos.

Salieron al camino, pero ella no podía dar un paso sin volver los ojos, hechizados, hacia el pobre solar moribundo.

Entonces el amor, que adivinó un deseo en aquella mirada dulce y constante, hizo a la novia una ferviente promesa, y la esperanza cayó como un rocío bienhechor sobre las praderas marchitas, los huertos asolados y la casona lacerada.

Todas las industrias de un corazón amante y varonil se movieron con eficacia y ardor sobre las piedras caducas y fueron como un ensalmo para resucitarlas y embellecerlas...

Ahora, firme el escudo, claro el mote, pulidos los sillares, seguros los cerrojos, el palacio se enseñorea del valle desde la brava altura. En torno suyo los campos han reverdecido, los rosales se han levantado, se han abierto las rutas.

Ahora en el noble llar, donde se calentaron muchas

generaciones de caballeros, vuelve a erguirse la llama viva del amor, vuelve a resplandecer el fuego sagrado de la hospitalidad.

La novia mira el prodigio al través de su ventura, sin perder aquel velo misterioso que el dolor le puso en las pupilas; así está cada día más hermosa, y su felicidad tiene unos divinos matices de sentimiento y gratitud. Ha guardado los azahares en el arca más vieja del salón, al pie de un gran retrato viril, donde su padre sonríe con duradera gracia, esperando que trepen los nietos al macizo mueblaje y en puntillas alarguen el rostro y le besen la mano...

FLOR DE CUNA

FLOR DE CUNA

ODA la fe ardiente de la dama no bastó a calmar la angustia de una idea dominadora, cruel espina clavada en el gran dolor de la madre.

El niño había sido tan adicto a ella, tan mimoso y apacible, que sus cinco años juguetones no contaron ni un mal intento de fuga lejos de las lindes del jardín: había muerto el pobre Mario sin padecer la intranquilidad de una humilde aventura callejera, sin acariciar una atrevida ilusión de escapatoria.

Aquellos macizos de flores, aquellos veriles acosados por el césped, hundidos bajo las ventanas de la madre, fueron su mundo y su alegría.

Era el nene un poco miedosillo; para que se durmiera sin susto había que darle la mano.

La zagala vieja, Sinda, la incansable arrulladora de niños, que en aquella familia había cuidado con esmero y amor a tres generaciones, sentábase junto a la camita de Mario y apretaba con su diestra sarmentosa la mano fina y breve del pequeñín.

Cabeceaba Sinda un poco, mientras recitaba Mario sus infantiles oraciones, muchas veces interrumpidas por impacientes curiosidades, llenas de candor.

—*Angel de mi guarda...* Dime, Sinda, ¿qué es lo que guarda el ángel para mí?

—Pues guarda pasteles, un caballo, estampas... ¡muchas cosas!

—*Dulce compañía...* Esto quiere decir: dulce con pan, ¿no es cierto?

—Anda, goloso, duérmete.

Y al cabo de otras cuantas sugestivas interrogaciones, Mario cerraba los ojos con blandura, y la buena mujer desprendía su mano de la del niño y se marchaba de puntillas, después de echar sobre la cuna una piadosa bendición.

Hoy la madre que llora el primer quebranto de su vida, siente con tremenda inquietud la soledad en que su hijo ha hecho el inesperado viaje por los tenebrosos rumbos de la muerte. En vano la ilustración y la fe le dictan elevados pensamientos, dándole una visión consoladora del ángel sonriente en los brazos de Dios, gozoso entre los serafines, dueño de la infinita cumbre celestial.

El dolor de la dama es tan humano, tan lleno de angustias materiales, que no sólo llora la pena de ver partir el cuerpo difunto hacia un solitario paraje, a dormir sin la dócil mano de Sinda, en el frío abandono de la tumba; sino que tiembla al pensar cómo el alma tímida del niño, se ha ido, también, por los espacios oscuros donde no hay senderos ni zagalas, ni verjas sobre los macizos de flores que bastan en este mundo para hacer a un niño feliz.

Y evoca la triste madre aquella mirada suprema del moribundo, cuya expresión, indefinible, parecióle una angustiosa demanda de socorro, un desesperado asimiento a la vida, un postrer grito de esperanza. Llegó el hundimiento definitivo de la pura existencia: la caída mortal de la carne, la misteriosa fuga del espíritu. Al nene le tembló en los labios un soplo glacial, le rodó en las pupilas una nube siniestra, ¡y así, tan débil y tan miedosillo, se fué envuelto en el terrible enigma, solo por las horas profundas de una noche sin astros!

¡No hay consuelo para la madre! Su idea menos triste es la de imaginar al ausente perdido en los cielos entre ángeles y soles, buscando con avidez un regazo donde apoyarse al través de las rutas del Señor.

Y entretanto, Sinda, la vieja arrulladora de niños, se pone muy enferma, se abate con una pesadumbre que la empuja, también, a los pálidos reinos de la muerte: es que la brusca partida de Mario, el preferido en la generación de nietos que la buena mujer cuidaba, ha herido su firme y abundante corazón.

Ya la fiel servidora agoniza apaciblemente, rodeada de cariño y atenciones. Suya ha sido, siempre, aquella noble casa y aquella ilustre familia, en la cual dejará un enorme vacío la que durante muchos años compartió goces y penas del hogar, jugando entre niños hermosos y velando entre cunas blancas.

La madre de Mario quiere despedirse en secreto de la viajera; la abraza con ansiedad y la mira largamente dentro de los ojos, hundidos y turbios.

Se estremece la anciana, procura sonreir, y dice con la voz rota, como si hablase desde muy lejos:

—La señorita viene a darme un recado para el niño.

—¡Sí, sí; eso es!

Quedan entonces estrechamente juntas hablando con un desdoblamiento de emoción, en un coloquio truncado y delirante, como dos alucinadas.

Y la extraña confidencia termina con dos suspiros muy dulces: en el uno vuela el alma sencilla de la pobre sirvienta, llena de méritos y mansedumbre; en el otro goza la dama el primer alivio a su desventura maternal.

Porque Sinda lleva el apremiante encargo de buscar a su nene por las llanuras azules de los cielos, servirle y cuidarle mucho... y darle la mano cuando se duerma en una resplandeciente cuna de constelaciones, soñando con su mamá.

La madre soñadora pone con demente sonrisa una toca de encaje en los albos cabellos de la muerta, prende el adorno con agujas de plata, y ciñe al talle rígido el primoroso delantal de finos entredoses, para que Sinda entre, con toda pulcritud, a cumplir sus delicadas funciones de niñera en los altos jardines de Dios...

LA JUSTICIA HUMANA

LA JUSTICIA HUMANA

e pesaron los hijos; era duro de corazón y un egoísmo ciego se apoderó de sus entrañas.

Apenas la juventud dejó de embriagarle un poco, de seducirle con la suavidad lozana de los años, fué lanzando los chicos hogar afuera, para que se ganaran la vida. Dos de ellos desaparecieron para siempre hundidos en el abismo del abandono, mientras el tercero flotaba en la marejada bravía de la miseria.

En un vaivén de tan furioso oleaje, tornó a su casa el pobre mozalbete y se asomó a la puerta, entre medroso y risueño.

Había muerto la madre de cobardía y pesadumbre, y el padre, avejentado, sombrío, vivía la soledad adusta del avaro, poblada de recelos y temores.

Al ver al mozo le llameó en los ojos la locura de una

ambición insensata; pero a un solo relámpago de tan siniestra luz, vió que el desdichado volvía pobre y enfermo y no supo apiadarse ni abrirle los brazos con efusión.

Cuando el hijo tendía los suyos, ardiendo de esperanza, él le saludó como a un extraño, y con visible esfuerzo, le dijo:

—Pasa; esta noche te puedes quedar aqui...

Tiritando de calentura, rendido de pena, cayó el muchacho en el rincón que su padre le ofrecía por albergue, y casi delirante, salió, al amanecer, del ingrato hogar, sin volver los ojos, alejándose para siempre del pedazo de tierra donde sus lágrimas habían resbalado como por encima de una roca.

Algunas gentes que le vieron dando tumbos, camino adelante, le ofrecieron una limosna; él iba tan menesteroso de amparo y de consuelo, que con una ansiedad todavía infantil, alargaba su mano abierta. Las mujeres, condolidas de aquel aspecto fatigoso y miserable, suspiraban:

—¡Está hético rematado, el pobre!

Y le miraban huir, llenas de susto y compasión...

Muchos años después, aquel muchacho, hombre maduro y rico, volvió a su país, empujado por otro recio empujón de la voluble fortuna, y en la ciudad próxima al pueblo en que naciera, se estableció con lujo y elegancia.

Apenas corrió por los alrededores en las sutiles alas

de la curiosidad el rumor de este avecindamiento campanudo, un anciano achacoso, arribó a la casa nueva, preguntando por su hijo.

Salió el dueño a recibirle, mirándole con una insistencia fría y acerada, que hizo balbucear al intruso:

—¿No me conoces?... Soy tu padre. He trabajado toda la vida y en la última vejez estoy muy pobre: ¡no he podido ahorrar nada!

Sin emoción, como quien pronuncia una letanía que cientos de veces se ha repetido, el aventurero murmuró:

—*Pasa; esta noche te puedes quedar aquí.*

Arrastrado aún por la esperanza, el viejo insinuó:

—¿Nada más que esta noche?

Volvió el hijo la espalda, y el padre, transido de fatiga, desorientado y sin recursos, salió a la calle, a pedir limosna.

Los que le vieron abandonar la casa de su hijo de aquella manera, y tender al prójimo la mano senil, clamaban escandalizándose:

—¡En el mundo ya no hay misericordia!

Y la conciencia del avaro respondía:

—¡Hay justicia en el mundo!

CURA DE SOL

CURA DE SOL

OR los desmontes del paseo de Rosales, bajando del urbanizado andén circular a buscar los pinos hacia el monumento de los Héroes, una jovencita me adelantó. Era rubia, delgada, lucía al aire el cabello, y por el tipo elegante se la hubiera podido suponer vecina de una casa de los alrededores, y aficionada a salir al campo sin sombrero y sin compañía. Siguió delante de mí una arbolada ruta abierta al filo de la carretera proyectada, y se sentó en un banco de cara al sol.

Cuando yo pasé junto a ella había desdoblado un libro, y, de tal modo hundía la frente sobre él que no pude distinguir las facciones de la lectora, muy confundidas, además, por el acoso de los cabellos, rizados y en desorden.

Yo también me senté, y también abrí un libro; pero un poco de curiosidad por la niña solitaria y extravagante, me distrajo de la lectura.

Dos caballeros se adelantaron, charlatanes, por la senda, y al sentirlos llegar, la muchacha se fué volviendo lentamente de espaldas al camino. Mas apenas se alejaron aquellos dos únicos paseantes del momento, la niña rubia tornó a su postura anterior. Y como yo la celase con disimulo por entre la sombrilla y el libro, aparentando leer, ella, después de mirarme, engañada sin duda por mi actitud indiferente, levantó su cara descubierta hacia el sol.

Quedé entonces sobrecogida de lástima y de asombro: tenía aquella infeliz todo el semblante devorado por una terrible enfermedad de la piel, la misma, de seguro, que ahora pretende remediar con la eficacia de los rayos solares, la medicina moderna.

Avida y triste, recelosa, acechando los senderos, la pobre niña quería bañar su daño en el puro refrigerio de la luz. Con tal angustia se alzaban llenos de llanto los ojos de la enferma en su cara doliente, que yo sentí cuajarse de lágrimas los míos y de preces mi corazón.

Un sentimiento irresistible me llevó a consolar la desventura de aquella joven. Di algunos pasos hacia ella con el arrebato de la inspiración: sentía yo brotar de mi alma un discurso vehemente, henchido de frases dulces y confortadoras, aprendidas no sé dónde, soñadas quizá.

Pero la enferma, al sorprender mi repentino arranque, sin tiempo para volverme la espalda, se cubrió el rostro con las manos en obstinada esquivez.

Y yo seguí el camino, turbada por el peso de mi compasión, transida por la piedad inútil que me hubiera llevado a prevenir esperanzas en el pecho de la niña rubia. Desbordada interiormente, mi elocuencia cordial iba cayendo en mi propio espíritu con este desconcertado son:

—Alma triste, cura tu fe bañándola en el Sol de eternos resplandores; abre en tu pensamiento dolorido la "fuente de agua viva que da saltos hasta la vida eterna"; no te avergüences de sufrir; mira que este sol se va a poner y aquel otro que yo te digo puede hacerte incorruptible, puede sanarte con salud imperecedera, de modo que "ni fuego, ni viento, ni tiempo" te harán daño jamás...

Así ardía silenciosa mi lástima, en tanto que un banco de nubes se ensanchaba en el cielo, y la niña rubia, sola y avarienta, alzaba otra vez con infinita inquietud su rostro gimiente hacia los fugaces rayos del sol...

NOTA DE UN HIMNO

NOTA DE UN HIMNO

o creí que era mudo el ciego que pide en esta esquina. Suele estar quieto y silencioso con la mano abierta al borde de su pecho, como si sostuviera el corazón con la diestra palma sarmentosa. Suspirar sí que sabe hacerlo. Y rezar también, porque el estremecimiento continuo de sns labios acusa un roce de plegarias. Algo llorón es el viejuco éste. Todo el invierno he visto lágrimas temblando en sus mejillas a la par que en sus labios temblaban las oraciones. "¿Llorará de pena o de frío?", me preguntaba yo.

Ahora me he enterado. ¡Es de pena! Porque el sol arde dulcemente en la esquina donde el pobre llora...

Los viejos suelen estar tristes y tener, como los niños, muy pronto el llanto; si además son ciegos y piden limosna, ¿qué dulce sol de primavera podrá secar sus lágrimas?...

Esta mañana corría por la calle una ráfaga de placer, como si la vida primaveral alzase su himno mundano bajo el cielo deslumbrador de la Corte. Varios y fuertes rumores componían la orquesta gozosa: el precipitado circular de vehículos y los gritos de los vendedores ambulantes; bocinas, campanas, voces de la multitud, todo el ruido potente de una gran calle céntrica, acordaba en alegres sones. Pero el cieguecito que pide limosna con la mano abierta al borde de su corazón, está mudo y lloroso. Sólo él se muestra triste en lo que mis ojos abarcan desde el balcón. Cuando bajé a misa muy temprano, ya el pobre tenía las mejillas húmedas. ¡Y qué desconsolados me parecieron en esta hermosa mañana unos ojos que sólo sirven para llorar!

Este anciano oracionero y suspirante suele repartir sus horas negras entre el portal acogedor de la capilla salesiana y la esquina de la calle, enfrente del convento.

Desde la casa de Dios, el sin ventura se asoma al camino por donde pasan los hombres. Pide al cielo esperanzas inmortales y al mundo un pedazo de pan.

Así pensaba yo del pobre viejo, después de haber mirado su lastimosa silueta, que apuntaba en la calle una nota triste. Y de pronto, sobre el "himno triunfal" que de afuera viene a envolver mi trabajo en felices rumores, tiembla un lamento roto y punzante, un clamor que dice:

—¡Ay, Dios mío!...

CUENTOS

El tranvía se para, y un golpe de curiosos le rodea. Conductores y pasajeros que del coche se bajan precipitadamente, sacan debajo del pesado tren un cuerpo humano, que ya no pide, ni reza, ni suspira. Es el ciego, que al cruzar una vez más la calle buscando el portalito piadoso de las Salesas, ha caído atropellado por el "himno triunfal de la vida"...

Y no era mudo, porque alta, fuerte y desgarradora, ha lanzado una queja: "¡Ay, Dios mío!..."

LA PROMESA

LA PROMESA

ABLARON de cosas indiferentes, y después de un buen silencio dice el niño con acento inseguro:

—¿Ya me estás preparando la ropa, madre?

La madre, inmutada, responde:

—Ya, hijo.

—¿Te falta mucho?

—Poco falta...

Se quedan los dos silenciosos, mirando las flores deslucidas de la alfombra.

Tiene el chico un aspecto infantil, amable y franco; en su cara de niño se posa a menudo una expresión decidida y valiente: es cuando él piensa en la madre viuda y en las dos hermanas pequeñas.

La madre es joven. Con toda la intensidad de su alma lozana y firme, adora al hijo y le ve hombrear y crecer, llena de orgullo.

Cuando van de bracero por la calle parecen dos hermanos. Ella, por él, ha desoído nuevas pretensiones amorosas; él, por ella, ha renunciado a los juegos y los camaradas, y, adiestrándose en la vida, busca un camino por donde vencerla audazmente.

Pero se impone el sacrificio de la separación: el muchacho debe partir.

Ha protestado mucho la señora, cobarde ante esta pesadumbre, defendiendo con tesón la presencia del hijo por encima de todas las ventajas posibles; el chico, mañoso y constante, va logrando convencerla, y la madre aparece ya resignada y conforme, aunque retarda la hora triste, próxima a sonar...

Las flores de la alfombra están muy descoloridas; también lo está el damasco de las butacas. Los cortinones caen sobre las puertas con una elegancia llena de melancolía. Debajo de la luna del espejo una begonia abre con languidez sus pálidos brotes; en el vano de la ventana desfallece un estor: hay una lamparita en la consola, encesa con tenue luz.

La madre y el hijo se miran disimuladamente. Está cada uno midiendo la pena de su contrario, y en el mutuo sondeo de pesares ella imagina que ve temblar el corazoncito infantil de su niño; le oye gemir y sollozar como si tuviera voz y palabras y hasta le parece que, en demanda de socorro, grita aquel pobre corazón pequeño: "¡Madre..., madre mía!..."

Entretanto el hijo está pensando cómo en su ausencia la madre se abatirá dolorosa, buscándole en torno suyo, y cómo, atormentada por la soledad profunda de su vida, le tenderá los brazos desde lejos.

Y aunque están los dos estremecidos por tales desconsoladoras visiones, los dos fingen y tratan de engañarse.

Reanudando la conversación, él pregunta:

—Entonces, ¿qué día salgo?

Y ella, como si estuviese distraída, contesta vagamente:

—Ya veremos...

Pero el muchacho quiere tratar del próximo viaje de un modo definitivo, y empieza a desplegar todas sus ilusiones y propósitos. Hablando de lo que va a ganar y de lo que ha de hacer, dice:

—Para este verano ya podré mandarte dinero; te mandaré mil pesetas.

La madre admira aquellas manos dóciles y menudas, deseosas de trabajar; aquella frente apacible, rodeada todavía de un halo de candor, y exclama, piadosa:

—¡Mil pesetas es mucho!

—Es que para entonces tendrás que comprarles a las nenas vestidos... ¡Todo cuesta tan caro!

—También costará caro todo para ti y lo que ganes te hará falta.

—Yo necesito muy poco.

Se queda un momento pensativo, y pregunta después:

—Habrás encargado mi ropa algo grande para que me sirva el año que viene, ¿verdad?

Aquella encantadora previsión del niño, que le revela criatura en capullo, fruto en brote del árbol de la vida, hace que se desborde el llanto contenido de la mujer. Poseída de compasión y de ternuras indecibles, afirma entre lágrimas, inconsolable:

—No te irás mientras no seas un hombre; ¡no quiero que te vayas!

Pero él suplica, ferviente:

—No llores; se van a despertar las niñas. Puedo partir, madre; ya soy un mozo hecho... Tú verás como, a menudo, yo te mando mil pesetas.

Y repetida con afán por la voz infantil en los momentos penosos, adquiere un acento de maravilla la frase: ¡mil pesetas!

La madre, sin dejar de llorar, besaba mentalmente aquellas palabras de ilusión...

EL CAPULLO

EL CAPULLO

uvimos una plática la niña y yo.

—Mañana ofrecemos "la rosa"— me dijo.

—Y eso ¿qué significa?

—Pues que las colegialas buenas le llevan una rosa a la Virgen; las que han sido "medianas" ofrecen un capullo, y las peores..., esas van detrás de la comitiva, y no llevan nada.

Quedó un momento absorta mi conferenciante, y yo interrumpí su silencio:

—Tú habrás sido "peor" y te quedarás a la cola con las manos vacías.

—No—me dijo prontamente, enrojeciendo un poco—, yo he sido "mediana", y llevaré a la Virgen un capullo.

Había una graciosa modestia en la expresión con que la niña se resignó a ofrecer en la capilla del colegio un humilde brote de rosa, a la Madre del Amor Hermoso...

Pocos días después de esta plática menuda, era de verdad que la chiquilla ofreció en el altar de la Virgen un lindo capullo: su corazón. Llegóse a comulgar por vez primera, tan tímida y alegre, tan chiquituca, toda envuelta en un velo blanco y en una sonrisa inmaculada, trenzadas las manos sobre su pechito infantil, abiertos los velados ojos con dulce afán sobre el santo misterio, y encendidos los labios inocentes por una sed divina, infinita sed del Amor Hermoso que la Virgen guarda en su regazo maternal.

Yo vi a la niña así, de hinojos en las gradas del presbiterio, y recordé como una profecía aquella humilde réplica suya: *Le llevaré a la Virgen un capullo.* Se lo llevó, era cierto... A capullo de rosa trascendía su corazoncito en flor, entreabierto a la celeste luz de la Hostia consagrada; a capullo de mujer se parecía el cuerpo de la nena, nubado en blancos tules, menudo y grácil, trémulo de purísima emoción...

Niña; capullo: ¿qué vientos de la vida mecerán tu existencia? ¿Qué pasiones, qué tempestades del mundo agitarán tus horas? Si algún tiempo, rosa y mujer, te doblas, alcanzada por cruel destino martirizador, no olvides que en riente primavera ofreciste a Dios, en el altar de María, el fragante capullo de tu corazón cristiano...

LAS MADRES VIEJAS

LAS MADRES VIEJAS

NTRE día y noche, a esa hora triste que llamamos, también, *entre dos luces,* encontramos ahora en la Plaza Mayor a ciertas ancianas señoras que sólo una vez al año se aventuran en tan públicos lugares. Pertenecen a una generación de severas mujeres que hacían de su hogar un claustro donde gustaban recluírse desde el día de sus bodas, sin conocer ya fuera de su casa más camino que el de la iglesia parroquial.

Pero son éstos los días en que por única excepción atraviesan las calles más céntricas de la villa y cruzan los soportales de la plaza en esta lánguida hora que decimos, cuando muere la tarde y nace la noche bajo la dulzura estival del mes de agosto. Van tocadas de mantilla estas señoras, y dejan arrastrar, solemnemente, el borde negro de sus vestidos. Mientras ellas caminan, dirigiendo hacia un mismo lugar sus pasos menudos, unas campanas se alborotan con rumor plañidero de voces heridas; parecen unas viejas alegres que se lanzan a cantar un romance antiguo.

Este vibrante canto de metal no se oye a esas horas en la villa más que una vez al año, y teniendo en cuenta las especiales circunstancias de cuanto referimos, podríamos dudar si las campanas tocan porque las señoras salen o las señoras salen porque las campanas tocan...

Para quienes estamos en los secretos de esta sedentaria vida campesina, no hay duda de que ambas coincidencias tienen por sólo fundamento la novena de la Patrona que se celebra con la acostumbrada pompa anual en la capilla de la Plaza Mayor.

La Reina del cielo es Reina especial de esta villa bajo el título candoroso de la Virgen del Campo, y en tal devoción que el vecindario cultiva fervorosamente, hay una particularidad interesante y maravillosa. Es que, implorandola con fe, nunca deja la Madre de Dios morir a sus patrocinadas en trance de difícil maternidad.

Apenas una triste necesita este supremo auxilio, la campana de la capilla dobla con precipitado anhelo, y el vecindario reza conmovido: la paciente se salva y el clamor del milagro lleva a los pies de la Virgen un voto de gratitud. Por eso no hay madre en la villa que no ponga en Ella los ojos con agradecimiento y con esperanza, y es frecuente ver a la puerta de la ermita cómo las mujeres esperan con un niño en los brazos que el sacerdote salga a recibirlas mediante las preces religiosas de la Purificación.

Por eso hay siempre en torno a la imagen pura, devotos mensajes de manos femeninas que han temblado heladas por el soplo de la muerte y presentan a la Virgen sus flores, sus joyas, sus hijos...

Abrumadas por los recuerdos, las madres viejas, las que hacen un culto de la austeridad de su vida, cruzan ahora solemnemente las calles céntricas y la Plaza Mayor, así que el badajo herido se alborota en la torre de la capillita blanca.

Delante del santuario, que preside el mejor barrio del pueblo, suelen jugar al corro unas niñas bulliciosas y hechiceras. Y cuando ven pasar en lenta procesión a las señoras enlutadas, interrumpen algo cobardes su cancioncilla: *Tengo una muñeca vestida de azul...*

No saben que la evocación de las muñecas azules trae una sonrisa a los labios de las madres temblonas, envejecidas en el amor a su hogar y en la devoción a su Virgen.

Para estas viejecitas que tienen frio en agosto, que nos miran largamente con un velo como de lágrimas sobre los ojos mustios, que sollozan cuando rezan y rezan cuando sollozan, para ellas tenemos hoy toda nuestra cariñosa contemplación; y la floreciente juventud ilusionada y feliz camino de la ermita, no nos seduce tanto como esta caduca generación de mujeres buenas y tristes que hoy hacen, tal vez la última visita, la última novena a la Santa Patrona.

Es a ellas, a ellas especialmente, a quienes llama en nombre de la Virgen del Campo, esa voz de metal que en el fondo de la plaza se abre con plañidera canción.

HISTORIA VULGAR

HISTORIA VULGAR

A quiso un poeta; la quiso mucho y largos meses distrajo su esperanza en los linderos del jardín donde mariposeaba la niña.
También anduvo por allí en aquel tiempo un señor calvo, de aspecto bondadoso, que miraba con insistencia los giros claros del traje de la moza.

Se supo, del poeta, que era hidalgo y virtuoso; del señor maduro se supo que era muy rico.

Libremente disponía la joven de su corazón; era señora de su voluntad, reina de sus deseos; mecía con arrogancia su cabecita dominadora sobre las flores rendidas a las caricias del sol, y levantaba con orgullo sus cantares sobre los trinos amorosos de los pájaros.

Viviendo en pleno vergel, sentía germinar la simiente de los nidos; conocía las voces apasionadas del agua y del viento; los arrullos de las tórtolas; el roce en el aire, de todas las alas, de todos los perfumes; el zumbido celoso de cada insecto, la palpitación caliente de cada átomo sobre la tierra.

Y en medio de esta cálida armonía, bajo el profundo latido del amor y la esperanza, tuvo la moza un extraño gesto de previsión, tomó una medida de suprema cordura, clavando en el poeta una mirada llena de interrogaciones y concediendo al señor pudiente su mano de esposa.

Se casaron. El marido levantó en el jardín un palacio suntuoso para recreo de la mujer. Las torres se elevaron por encima de lo floresta con orgulloso ahinco, domeñando las copas de los árboles, el erguido toldo de los senderos, la melena florida de los cenadores, el murmullo de los azutes y de las brisas, el aroma de los planteles.

Un inmenso desdén resplandecía en la opulenta fábrica, pero en el jardín, tendido con humildad al pie de los altos muros, siguió albergándose la sublime poesía del amor, la poesía que hace desfallecer a las rosas y a las aves, mientras en el palacio se hospedó la triste vanidad de una mujer sola con sus frias ambiciones, yerta en la cumbre de su cuerda previsión. En las salas elegantes, no gorjearon nunca los niños, ensueño de toda esposa, y el señor millonario no supo inspirar a la muchacha ni una sola alegría pura, ni un solo goce luminoso.

Entretanto, el poeta compuso un libro de versos, un bello libro de amores que hizo llorar a muchas mujeres buenas y dulces, y después de levantar en honor de su amada aquel sutil palacio de arte y de dolor, siguió el camino en busca de otros jardines donde hubiera niñas bonitas mariposeando entre flores y trinos. Iba con el anhelo de encontrar una, loca de imprevisión, hambrienta de ideal, para seguir la ruta juntos, cumpliendo la sagrada misión de los enamorados.

Iba armado de esperanzas, sin escudo contra los desdenes, olvidando, al parecer, que hubiese en el mundo mozas precavidas y señores opulentos.

La esposa del rico arrastra su existencia indiferente. La vida es para ella un libro cerrado en el cual no pudo desdoblar una sola página incitante. Y aunque lleva puesta su mano de mujer formal en la inerte mano del esposo, tiende siempre hacia los poetas una mirada curiosa, llena de interrogaciones...

ENTRE DOS RIBERAS

ENTRE DOS RIBERAS

s tan sombría la alameda y tan triste la tarde, que este paseo al filo del anochecer tiene la vaga incertidumbre de una despedida y tiene el matiz melancólico de un desengaño.

Parece que alguna ilusión amable se nos va a morir al borde del camino; que algún infausto adiós nos espera al fin de la ruta.

Y crece tanto este presentimiento, que no desandamos la senda porque un recto impulso nos conduce, sometidos previamente a las consecuencias tristes del temerario rumbo.

Ya se apaga la luz en el horizonte, y en un recodo de nuestro camino surge, de pronto, la esplendidez de un paisaje desolador y hermoso, un jirón bravo del eterno drama de la naturaleza: la ría acosa enamorada los campos ondulantes y besa humilde los montes costaneros, ofreciéndoles a unos y a otros el inmóvil cristal de las aguas como espejo de su hermosura; duerme el aura salobre en la robusta vegetación de la ribera, y una orla de nubes pálidas tiende su pesadumbre a la orilla del cielo.

Más allá de esta ría y de estos campos, brota la tierra ufana, y el camino continúa, prometedor; pero el puente que unió las dos riberas está roto, está hundido en trágico derrumbamiento, y parece que el mundo se acaba en esta bravía punta de la costa; parece que toda la mayestática grandeza del crepúsculo llora aquí una fatal despedida, un terrible acabamiento; la falleciente luz unge los montes y baña los celajes con el infinito dolor de una agonía, y la sombra desciende a las aguas y a los campos con la solemnidad de una bendición postrera, de un adiós derramado sobre la vida que se hunde, que se borra, que se muere...

De improviso, el rumor de un llanto infantil rompe el grave silencio y reclama nuestra compasión: un niño gime por la barca que al otro lado de la ría huelga en la sombra, y al mismo tiempo un cantar y una pandereta vibran en la muda soledad, más allá de la barca...

En la costa vecina hay un pueblo, hay una fiesta, y este niño olvidado llora por volver al lugar seguro que abandonó, quizás en pueril aventura, como tantos emigrantes de la patria; ahora la silenciosa noche le amedrenta al otro lado del hogar y del regocijo, rota, acaso, igual que este puente ruinoso, la tentadora ilusión que al nacer la tarde le empujó a la ría.

Y cuando parece irremediable la desgracia del nene,

un manso golpe de invisible maroma hiende las aguas, y una voz de promesa sube del río: el barquero, tal vez reclamado por la vigilancia de una madre, desliza en silencio su emblemático bajel, llega a nuestra ribera, toma al niño y parte de nuevo, en la quietud oscura de la ría... Es que pocas veces el destino deja de tender un cable dócil entre la orilla donde un alma inocente gime sin ventura y la orilla donde la ingenua felicidad canta un romance candoroso y toca la pandereta...

El pequeño drama de nuestro paisaje y de nuestro paseo tuvo un final consolador y humano: de donde se infiere que no todos los presentimientos se cumplen y que no todos los caminos tristes conducen a una margen infausta...

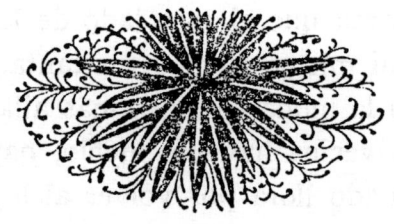

LA MEDALLA

LA MEDALLA

EREGRINÓ mucho el poeta. En su vida errante de bohemio, brillaron fugitivas las horas de calma y prosperidad, leves jirones azules por los cuales se asomaba a esta vida el sol.

Fué agitada y triste la existencia de este hombre, que, rodando por el mundo, perdió la esperanza y la fe, malogró las ilusiones y la juventud.

Era pródigo y enamoradizo, caprichoso y mudable; naufragó en todas las empresas de la vida sin salvar más que su honra y su pluma.

Muchas veces fué pobre; habia derrochado su patrimonio y esparcido con magnífica displicencia los montones de plata levantados triunfalmente por su arte; desconocía la industria crematistica como casi todos sus hermanos en Apolo. Mas sabia permanecer indigente con mucha nobleza, sin dejar de ser nunca un gran señor, bien nacido en Cantabria, *hidalgo como el rey.*

No se habia entristecido su numen en las nieblas del Norte, donde las musas le dieron alas para volar por el mundo entero; su numen era alegre, satírico y burlón; durante muchos años fué dejando en libros y en periódicos bellas páginas risueñas, tocadas suavemente de amargura.

En un azar de su camino este poeta veleidoso arribó a una playa tranquila y conoció al buen amor en brazos de una esposa; aquel tiempo era el jirón azul por el cual se asomaba sobre una vida el sol...

Del breve lazo de la boda, roto por la muerte sin piedad, quedó una niña como único recuerdo. Allí vivía, donde nació, cobijada por los parientes de su madre, en tanto que el poeta, andariego y voluble, recorría el mundo cantando sus coplas.

Pero había bebido la esperanza en los ojos cándidos de la criatura, y con frecuencia volvía, sediento, a gustar el zumo suave de aquellas pupilas; así, durante veinte años, fué la hija para él como un altar donde consagraba su inspiración.

Hasta que el capullo se convirtió en mujer sazonada por la inteligencia y la bondad.

A cada visita la encontraba el padre más encantadora, más seria y dulce. Muchas veces contemplándole ella con una mirada de inquietud, levantaba el pecho bajo la ola de un suspiro; en estas ocasiones buscaba sobre su corazón una hermosa medalla de la Virgen, compañera siempre de su vida, y se la presentaba al vate, suplicando:

—¡Besa!

El escéptico se conmovía y besaba.

La paz de aquel amor le iba encalmando las pasiones y consolando las tristezas; un ansia infinita de reposo le empujaba los pensamientos hacia los jardines andaluces, donde aposentaba la ilusión, cuando llegó la muerte inexorable a señalar la frente de la niña.

Corrió desalado el peregrino a la cabecera de la moribunda, sin tiempo más que para ver una medalla amiga, rutilante, en una mano temblorosa, y para oír el gemido de una voz entrañada:

—¡Besa!

El incrédulo, el despreocupado, besó con frenesí la pieza de oro donde brillaba la imagen de la Virgen...

Cayó después en una trágica desolación. Se pasaba los días mirando en éxtasis el retrato de la muerta, sobre cuyo pecho, entre las blondas gentiles de la mantilla andaluza, pendía el óvalo, constante compañero de una vida.

Aquella medalla vino a ser la obsesión del solitario. En el silencio de su pesadumbre le parecía que las alas inmateriales de una voz le rozaban el oído para decirle:

—¡Besa!

Una mano apremiante buscaba con afán la santa reliquia pendiente ahora de un cuello inclinado hacia la tierra, y el triste rimador besaba con febriles transportes el disco rubio y piadoso...

Siguió el bohemio rodando por los caminos del Arte, rimando canciones, sacudiendo aún la melena ya palidecida bajo los soplos de la muerte, hasta que una noche la inclinó sobre la péñola rota.

Cuando la caridad preguntó por él, se había dormido para siempre, con la cara vuelta hacia el retrato de la niña andaluza, con los labios encima de la medalla de la Virgen.

En suelo extraño murió el poeta; en distante país la dulce imagen de su musa, envuelta en los pliegues de la mantilla española, luce sobre el pecho la devota reliquia mediante la cual el pobre vagabundo, *hidalgo como el rey,* pudo, acaso, redimir su alma derretida en un beso creyente y purificador...

EL PREGON DE LAS ROSAS

EL PREGON DE LAS ROSAS

NCANSABLE y conquistador, un pregón fino y dulce atraviesa la villa coronada, en este mes de las flores, tan hermoso y gentil. Voces de mujer, voces de niña, quizá un poco fatigadas, quizá un poco monótonas, pero suaves y apacibles, cantan a nuestro lado sin cesar:

—¡Rositas de mayo, rositas galanas!... ¿Quién las quiere?...

Y un aroma sutil, algo desvaído, como si viniera de muy lejos, nos acaricia, mientras los ramos de rosas ponen una mancha de jardín, flotante y menuda, cándida y bella, en torno a la multitud.

Al cruzar las calles, mucho más de prisa que esta feliz gente madrileña, que siempre va despacio, nadie creería que ponemos atención al pregón de las rosas, más bien parece que huimos de ellas, y si hemos comprado algún ramito será porque nos le ofreció muy elocuente una vieja o una niña, no porque andemos, Madrid adelante, en vagancia inútil, con ánimo de comprar flores.

Mas, a despecho de la urgencia con que debemos rendir nuestra jornada y del aparente desdén con que escuchamos los rumores pregoneros, voces mudas y vigilantes responden con ternura en nuestra alma al pregón de las rosas; y un sagrado perfume de recuerdos orea nuestra vida y la detiene, absorta en lo pasado, quieta y meditabunda en la linde del camino, mientras las rosas de mayo pasan, mecidas por el pregón, esclavas de la miseria:

—¡Rositas de mayo, rositas galanas!... ¿Quién las quiere?...

¡Las quiero yo! Las quiero por bellas y simbólicas; por inocentes y sabias; por sus aromas; por sus espinas... A la vera de sus bancales aprendí a querer; debajo de sus doseles aprendí a rezar; volaron mis versos tímidos, infantiles y devotos a los pies de la Virgen coronada por las rosas espléndidas de mayo; y lloré el dolor de los dolores, de hinojos en el palpitante bermellón de las rosas, en la tierra del cementerio, dos veces bendita para mí, donde duerme aquel niño hermoso y triste que me ha dejado para toda mi vida un sabor de adelfas en el alma...

¡Las quiero yo; las quiero a las rosas de mayo! Las quiero por su belleza, por sus espinas, porque me han enseñado a sentir y a querer, a rezar y a sufrir. Las bendigo por sabias y por hermosas, como símbolo santo de amores y dolores que trascienden al cielo en aromas de sacrificio, en gallardía de penas erizadas de púas donde el herido corazón sangra y gime.

Pero adoro la libertad de las rosas, prodigándose en tumbas y en altares, en huertos y en jardines. Y cuando me las ofrecen esclavas de la miseria, mecidas por el suave pregón de las cansadas voces, me resisto a mercar un ramo pálido y cautivo, mientras calladamente respondo a la pregunta de las vendedoras:

—¡Las quiero yo, las quiero mucho, a las rosas de mayo!...

EL LLANTO DE LA MADRE

EL LLANTO DE LA MADRE

ODAS las tardes a la caída del sol, Franck Schmidt pasa lentamente por la calle Real, camino de la parroquia. Al pie de una casa antigua, con ventrudos balcones y salientes rejas, el ingeniero alemán se detiene unos minutos; allí, detrás de una celosía baja y discreta, le aguarda Rosario, una niña gentil de belleza muy dulce. Hablan afanosas y breves frases, y ella parece que baña su perlada voz en la luz espiritual de los ojos cuando pregunta:

—¿Vas adelantando, Franck?... ¿Estudias mucho?... ¿Comprendes bien?

Algo turbado, sincero y humilde, él responde en balbuciente español:

—Estudio; aprendo... pero no he comprendido aún.

—¿Y no crees todavia?

Desolado murmura Franck:

—Todavía no.

Los dos bajan muy tristes la cabeza, hasta que Rosario, alentadora, ofrece un consuelo al catecúmeno.

—Ten esperanza; Dios te ayudará.

Franck Schmidt se aleja suspirando: es la hora de su diaria conferencia con el sapiente sacerdote, viejo amigo de la ilustre familia de Rosario Cortés.

* * *

En la villa no se habla de otra cosa: el tema de todas las conversaciones es la posible conversión del ingeniero Schmidt.

Cuando hace dos años llegó de Alemania la gran Compañía industrial, explotadora en el país de un vasto negocio, el joven extranjero venía muy recomendado al padre de Rosario, y obtuvo en casa de Cortés una paternal acogida.

Era Schmidt hombre de amables prendas y generosos sentimientos. Era Rosario encantadora criatura, alma bella y noble. A poco de reconocerse, en el propicio halago de un trato familiar, se amaron con doloroso silencio, separados por la religión. Schmidt era protestante.

Con blandura y sigilo la muchacha se convirtió en catequista cerca del ingeniero. Y oyendo las férvidas palabras con que ella enaltecía los misterios del catolicismo, Franck empezó a sentir en el alma el reflejo de una luz desconocida: era el calor divino de la lumbre en que ardía el corazón cristiano de la niña española.

Un día Franck, asombrado de las místicas grandezas que Rosario le contaba, confesó:

—¡Mi religión no es tan hermosa!...

A la tarde siguiente el mozo declaró a su amiga dos grandes secretos, no tan ocultos como suponía él, ofreciéndole su nombre y su cariño, y de antemano puso una condición:

—Si al instruirme en el catolicismo creo y amo lo que tú amas y crees; pero si vacilo, si una fe como la tuya no acude a iluminarme, volveré a Alemania solo y para siempre.

Ella asintió, feliz al contemplar la hidalguia del postulante:

—Bien dices; una conversión interesada no te acercaría a mí lo bastante para que fuéramos dichosos.

Ahora estudia y aprende Franck Schmidt a la vera del párroco, y antes o después de las lecciones suspira en la reja de Rosarito:

—¡No creo todavía!

* * *

Ya crece abril, y la primavera se embriaga con sus flores; pero en la reja de Rosario Cortés gime siempre el lamento de un alma vacilante.

La muchacha tiene en el oratorio una preciosa imagen de su patrona, y no cesa de pedirle fe para el que duda, precisamente en los misterios de la Virgen

María. Una virtud de caridad inflama aquellos ruegos, y una ciega confianza impulsa a la devota cuando dice a Franck, detenido a saludarla como de costumbre:

—Entra a visitar a mi Virgen del Rosario.

El obedece, gozoso, porque en aquel hogar donde todos le quieren siente el hechizo de futuras bienandanzas. Su amiga le conduce a los pies de la Señora, que les contempla con ojos clementes y expresión inefable.

Se arrodilla Franck ansioso, y la niña, penetrándose de fervor, toma el rosario que la imagen alza en los dedos, y le dice al prosternado:

—¡Reza, suplica, aguarda!...

Lleva el mozo con respeto a sus labios las cuentas benditas, espera, deprecativo y anhelante, y al cabo inclina la frente con desolada pesadumbre y se conduele:

—¡No puedo; no puedo creer ni amar como tú!

Ya está aquí la Semana de Dios, desgranando en la villa sus horas de luto y de piedad. Graves y solemnes se suceden las fiestas religiosas y llega el Jueves Santo con la doliente procesión dispuesta.

Los devotos penitentes conducen las andas erguidas sobre la multitud. Rosario Cortés se ha vestido de negro como la Virgen de los Dolores, y mezclada entre el gentío reza con el corazón oprimido de amargura. Tal vez Franck se ha marchado aquel mismo día...

CUENTOS

La reja de la novia, ya escalada de flores de jazmín, oyó el adiós rasgado y cruel de dos almas grandes y tristes que soñaron arder juntas en una misma fe sacra y eterna. La gracia del amor santificante no ha descendido plena y fuerte al corazón anheloso del pobre Franck, y el amor humano cumple con heroísmo su promesa de renuncia entre el joven alemán y la niña española.

Schmidt ya se ha despedido de Rosario, acaso para siempre, y ella, con los ojos rasos de lágrimas, le cuenta sus pesares a la Dolorosa en voz muda, peregrinando detrás de las andas donde la Virgen se mece...

* * *

La procesión retorna. En el atrio del templo hay un hombre que espera no sabe qué esperanza: es Franck, que ha ido allí empujado por la costumbre de andar todas las tardes aquel camino a la caída del sol.

Los "pasos" entran y se oscurecen bajo la nave central de la parroquia. El último llega al pórtico el de la Virgen de los Dolores y se detiene porque una oleada de muchedumbre le oprime un instante.

Aquel mozo que en el dintel no sabe lo que espera, ha mirado a la Virgen: nunca la ha visto como hoy vestida de luto, llorosa y clavada de puñales; él la conoce riente y soberana, reina de serafines y de mundos, hollando la Luna, meciendo al Niño, coronada de estrellas.

Ahora, un pañizuelo que el llanto moja oscila en sus

manos pálidas, implorantes y convulsas: tiene los ojos turbios, el corazón herido, tenebroso el manto, infinita en el rostro la tristeza.

Todo aquel dolor, sin nombre y sin ejemplo, se clava como un saetazo en el alma de Franck Schmidt; la Virgen parece que le mira cuando al volver a mecerse, caminando, le tiemblan en el pecho los puñales de la divina desventura.

* * *

Está solitaria la capilla donde la Dolorosa tiende el duelo de su vestido. Unos cirios fúnebres crepitan al pie de las andas y su macilento resplandor alumbra apenas el perfil luctuoso de la imagen, a cuyas plantas se hinoja de repente un hombre mozo, exaltado y poseído. El parpadeo de los ciriales ondula en la mantilla con recortes de luz que fingen reverencias: diríase que la madre se inclina acogedora. Y Franck Schmidt, con el rostro blanco de emoción y de lástima, promete, alaba y confiesa.

Una sombra se desliza a su lado: Rosarito, que velaba en el fondo negro de la capilla, con la voz inmutada, llena de gozosa inquietud, le pregunta:

—¿Ya comprendes, Franck? ¿Ya crees?

—Nada comprendo—responde él, crédulo y sollozante—; pero siento y amo desde que he visto llorar a la Virgen María...

LA TRAICION

LA TRAICION

IEMPRE fueron novios. Desde pequeños habían jugado a casarse, haciendo una parejita muy seria, con la dulce gravedad de un matrimonio bien avenido.

Así llegaron a preparar las bodas del buen amor, recibido como una herencia; una pacífica ventura que les pertenecia igual que la casa y la mies de su patrimonio.

La moza era muy lista, muy aplicada, una hormiguita casera; menuda de cuerpo, ancha de corazón, tenia el rostro, vulgar, lleno de una gracia placentera y suave. El, buen mozo, fuerte y varonil, se distinguía por su aspecto honradote de aldeano.

Necesitaban hacer algunas compras en vísperas del gran acontecimiento, y María fué a la capital con su madre; les acompañó Vicente, muy ufano.

En una de las vueltas que dieron por el bulevar, dijo el novio:

—Ahora que me acuerdo; yo tenía que visitar a mi tío el diputado; me lo encargó mucho mi padre.

—¿No vive por aqui?—preguntó María.

—Sí; en esa casa de los miradores.

—Pues en el segundo piso hay una joven asomada; ¿será tu prima?

—Tal vez; yo casi no la conozco; cuando he venido últimamente estaba ella en el colegio.

Maria y su madre hablaron entre sí unas palabras, y luego le propusieron a Vicente que hiciera su visita entonces, mientras ellas le esperaban en un banco de aquellos, distraídas con los paseantes que ya empezaban a poblar los jardines.

Parecióle bien al novio, y mientras subía a casa del diputado se retiró del mirador la señorita, dejando caer un transparente sobre la vidriera.

Minutos después aquella joven, elegante y hermosa, decíale a su primo en un saloncillo coquetón:

—No sé por qué comprendí que eras tú el desconocido que miraba tanto para arriba. Y me estuve riendo al verte con ese par de antiguallas; ¿de dónde las has sacado?... Pues no te quieren soltar; mira, allí te esperan; asómate.

Por detrás del visillo, Clarita, divertida y burlona, le enseñó a Vicente el banco donde aguardaban las dos señoras campesinas.

Sentíase el mozo subyugado, sorprendido por la niña insinuante y habladora, que le recibía con extremada cordialidad y le azaraba mirándole a los ojos con pérfida intención, preguntando sin aguardar las respuestas del primo:

—¿Es cierto que te casas?... ¿Es muy linda tu novia?...

Vicente, embobado, silabeó apenas:

—¡Bah..., mi novia!

Y la damisela, con maligna sonrisa, añadió:

—No será tan cursi y rancia como esa de ahí abajo, ¿eh?

Medroso de su prima y de sí mismo, repuso el muchacho cobardemente:

—No...

—¡Ah, bueno; es que yo no quiero emparentar con gente ridícula!

Sonreía Vicente bajo el agobio de su gran confusión, incapaz de sustraerse al imperio de la joven, y a ella le hacía mucha gracia la cándida sonrisa de aquel primo recio y guapo, que la admiraba con la boca abierta.

Pensó divertirse con él, y le instó a quedarse aquella noche. Los papás de la niña regresaban de una breve excursión al anochecer, y se alegrarían mucho de encontrarle allí. Irían juntos a la velada musical de la alameda, lo pasarían muy bien.

—¡Anda, quédate!

El mozo, fascinado, sometido a la voz acariciadora y a los ojos apremiantes, adujo en son de disculpa:

—Como están "esas" ahí...

—¿Esas?—dijo Clarita prontamente—. Serán de tu pueblo, ¿verdad? Un compromiso: yo lo arreglaré todo.

Les mandamos a decir que papá no está en casa, y necesitas esperarle, que sientes mucho no poderlas acompañar...

—Es... que... ya verás...

—Nada, nada; corre de mi cuenta; ahora mismo bajará la Paca.

Y bajó muy refitolera, con el uniforme negro y el delantal blanco.

Las señoras tardaron mucho en comprender lo que la doncella les decía. Al fin levantaron asombradísimos los ojos hasta el calado mirador, sin ver más que una cortina de tul echada sobre la vidriera.

Luego se marcharon con sus paquetes camino de la estación: era la hora del último tren.

Iban atónitas, maquinales, con la rarísima sensación de ignorarlo todo en la vida. Fijaban el pie en el suelo con inseguridad y se aislaba cada una en su torpeza, sin atreverse a decir una palabra.

El viaje fué terrible como una pesadilla; el tiempo, un martirio oscuro y silencioso, hasta que al otro día llegó Vicente a la aldea con aire de sonámbulo.

No se presentó a su novia humillado y contrito, sino que la miró de un modo nuevo y fiscalizador, pensando acerbamente: "Es una mujer antigua, carece de atractivos; ¡no me gusta!"

Ella le vió en los ojos el menosprecio y bajó los suyos desatinada, segura de su desdicha, buscando con mudo extravío las raíces de aquella traición.

No encuentra más que una sombra frívola de mujer sonriendo bajo una cortina de tul. Sospecha de un modo confuso que se ha cambiado su destino en aquel mirador de la ciudad, en la mano rubia y frágil que movió allá arriba un transparente.

Ignora cómo pudo aquello suceder, y se queda aislada con las dudas atroces, llorando, roto para siempre su dulce y tranquilo amor de hogar.

BLASONES Y HERRAMIENTAS

BLASONES Y HERRAMIENTAS

NDANDO por los caminos de la vida, una linajuda señora llegó a cierta población costera, donde tenía unos parientes, jefes de dos familias y primos entre sí: el uno era marqués y el otro carpintero. Los dos pasaban en el pueblo por buenas y apreciables personas: el uno, en su palacio; el otro, en su taller.

Más que los estímulos de la sangre, llamaron a la viajera hacia aquellos sitios la curiosidad de conocer el hidalgo solar de sus mayores, la noble casa de sus abuelos, venida a poder del primo titulado, y también el deseo de conseguir una copia del escudo que ornamentaba la ilustre mansión.

Desde muy niña vivió la señora lejos de la Montaña, su tierra natal, sufriendo las marejadas de un destino veleidoso. Y al cabo de largo tiempo volvía a su país en el goce de una modesta posición, que la colocaba, socialmente, en una distancia media entre el carpintero y el marqués, a quienes no conocía.

Corrían por el pueblo aldeano rumores ciertos de aquella visita, y cuando la viajera descendió del coche a la vera del "Parador", un grupo de curiosos fué rodeándola, y un hombre, con la boina en la mano, le dijo humildemente:

—Señora: soy Lucas.

Ella le tendió la mano con una sonrisa acogedora que le alentó para acometer a media voz, al través de su turbación manifiesta, un ingenuo discurso, brindando a la dama cariñoso hospedaje en calidad de pariente.

Con acento conmovido, insistía:

—Si usted no lo tiene a menos, honrará mucho nuestra pobreza y estará tan bien como en la posada.

Acentuó su agrado la señora y sin vacilar aceptó el expresivo ofrecimiento de Lucas.

—Vivimos cerca—explicó el carpintero con la cara radiante—, ahí a la vueltuca, mirando a la playa.

Los curiosos les vieron partir haciendo comentarios, y no muy satisfactorios por parte del posadero, que se quedaba sin huéspeda.

Llegando los dos primos cerca de una casita coronada por bella parra frondosa,

—Aqui es—dijo el hombre.

Alzó la señora los ojos hasta el balconcito colmado de flores, y vió a una mozuela retirarse hacia dentro precipitadamente. Sintióse en la casa vivo revuelo como de palomar agitado, y a poco se presentó en el portal toda la familia de Lucas para hacer a la viajera el más afectuoso de los recibimientos.

Con refinadas atenciones, llenas de respetuosa cordialidad, fué instalada la señora, cómodamente, en lo mejor de la casa.

En seguida se puso en activo movimiento toda aquella gente: las niñas, ya creciditas, se fueron a recados; la madre atizó la lumbre y empezó a disponer cacerolas y sartenes; el muchacho salió al corral a partir leña, y Lucas repitió al oido de su esposa unas apremiantes recomendaciones acerca del esmero con que se había de tratar a la forastera.

Sola en el amplio saloncillo, la recién llegada examinó con intimo placer el tipico mobiliario de la habitación: sillería de paja; espejo vestido con gasa color de rosa; estantes de madera prolijamente labrados; cortinas almidonadas y dentro del dormitorio una hermosa cama de roble muy vestida de colcha tejida a punto de gancho.

Cantaban entre la parra unos pajarines, y la brisa marinera remecía las cortinas levemente. Una profunda sensación de paz caia con la tarde moribunda en la salita silenciosa.

Trajo la dama a sus labios un suspiro impregnado de indefinibles memorias. Parecíale como si de las alegrías de su infancia y de las ilusiones de su juventud aspirase allí un lejano aroma de insinuante embriaguez. Y, sin embargo, nada habia tenido que ver con la plácida casita del carpintero, cuyo salón humilde olía sencillamente a flores y a manzanas, colocadas con esmero en los estantes de madera.

Pero la hospitalidad afectuosa y el aspecto seductor de la vivienda tranquila, asomada al mar y al campo, habian removido en el corazón de la viajera las cenizas de sus más dulces recuerdos. Plegó con valentía las alas de la memoria y llamó a Lucas para interrogarle acerca del marqués, primo de ambos, con quien al día siguiente deseaba celebrar una entrevista.

El carpintero habló del encumbrado pariente con una ceremoniosa indiferencia: le trataba poco; sólo cuando el señor le llamaba para encargarle alguna obra en las frecuentes reparaciones que se hacían en el palacio. Las más delicadas labores de carpinteria eran confiadas en estos casos a la habilidad de Lucas: el marqués pagaba lo estipulado y el artista se volvía a su taller aparentando no acordarse para nada de que llevaba un ilustre apellido lo mismo que el señor. Circunstancia que también éste parecia olvidar.

Así, aquellas dos vidas, animadas por una misma sangre, corrían por distintos caminos. La una, en el palacio; la otra, en el taller. ¿Quién las había separado? ¿El egoismo del marqués o el orgullo del carpintero?

Esto se preguntaba la señora con estimulante curiosidad, complaciéndose en la mirada sosegada y noble de su huésped.

* * *

A la mañana siguiente despertó con dulzura la viajera, sumida en los espumosos colchones de la cama patriarcal.

Ululaba el mar dormido en la costa, bajo el sol, y en el patio de la casa el serrote de Lucas repetía una paciente cantinela, mansa estrofa en el poema sublime de la constancia.

Una niña entró con timidez a llevar a la dama el desayuno: café con leche servido en enorme tazón pintado de flores, con un lema dorado y pomposo que decía: "¡Viva mi dueño!".

Mirando la vulgar leyenda, amorosa expansión de rudos corazones, acordóse la señora de su noble escudo montañés, de león rampante y florido campo de gules, cuya altisonante letra se remontaba a excelencias poco menos que divinas. Y pensó que el actual marqués, dueño y representante de aquella hidalga ejecutoria, no podría menos de ser un cumplido caballero.

Había en estas cavilaciones un vago temor y aun cierta penosa adivinanza. Conocía ya el marqués el arribo de la forastera y el objeto de su viaje; pero únicamente la solicitud de Lucas la habia librado de parecer una extraña, en aquel pueblo, cuna de su familia.

Cuando esta punzante consideración mortificaba a la señora, llegó un sirviente del palacio a entregarle una carta, dentro de la cual, entre patentes vulgaridades, le advertía el marqués cómo le era imposible recibirla en persona por tener dispuesta una excursión fuera de la localidad; pero en cualquier momento podía llegarse a visitar la finca; los criados tenían orden de enseñarla, y en cuanto a la copia del escudo, encargaría a Lucas una fiel reproducción, tallada en madera, para tener el gusto de regalársela a la prima...

La aristocrática investigadora de hidalguías heredadas y escritas noblezas, puso una sonrisa desdeñosa sobre el papel blasonado, y apoyándose en el fuerte rastel del balconcillo, rasgó la carta dejando caer los pedazos menudos, en liviano vuelo, allí donde el cepillo pulimentador de Lucas alojaba en incesante trajín virutas olorosas, delante de los contemplativos ojos de la viajera. Los papelitos blancos fueron cubiertos rápidamente por los rizados listones...

Pocos días después, lejos ya del poblado costanero, recibía la dama, en elegante estuche, la prometida copia del blasón, regalo del marqués y talla primorosa del artista.

Y como recuerdo de esta aventura, sabemos dónde se guarda un escudo de madera sobre cuya letrilla sonora ha escrito una mano de mujer: *Recuerdo de mi querido pariente Lucas el carpintero...*

EL BUEN MUNDO...

EL BUEN MUNDO...

AY en Madrid un hombre triste y viejo, muy padecido, que vende el mundo por la calle con un tembloroso pregón:

—¡El buen mundo!... ¿quién le compra?

Es un gran baúl forrado de lata, con sendas cerraduras, que vence las costillas del pobre mercader y le hace vacilar. Es un mundo que no se vende nunca, porque todos los días, a todas horas, el hombre triste y viejo, lanza a los aires su angustioso pregón, sometido al tráfico brutal.

Y los que le miramos ir y venir por medio del arroyo, juraríamos que pregona siempre el mismo armatoste, y llegamos a sospechar que debe ser muy malo, ya que nadie le compra; por más que la doliente voz repite una y otra vez:

—¡El buen mundo!...

En trenes lujosos, con una prisa desaforada, circula a nuestro lado la triunfante sociedad, la "dorada" juventud. Su gesto de infinito desdén parece decir que el mundo es una cosa despreciable. Y sin duda le atropellan por malo, mientras la cansada vejez se rinde al paso de un bárbaro trajín por las orillas del camino, entre el barro y el polvo, y asegura, con dolorosa voz, que el mundo es bueno...

* * *

Atraídos por una irresistible piedad, nos acercamos al hombre del baúl, y le decimos:

—¿Pero, no vende usted nunca?

Su rostro, congestionado por la fatiga, cansado y turbio, sonríe con orgullo pueril. Posa el viejo su carga, resuella antes de hablar, se yergue y murmura:

—Sí vendo, señorita; este cofre no es el de ayer..., el mundo es bueno.

Parece que remacha su afirmación con algún oscuro propósito. Le observamos llenos de interés y sólo podemos descubrir que tiene húmedos los ojos y la sonrisa apacible; que está temblando de frio; que alaba su mercancía con un acento roto y sumiso, y sigue, luego, su calvario, por el borde de la ruta, para que no le aplaste la prisa de la triunfadora sociedad; de la gente feliz que desde sus coches fastuosos mira con desprecio al mundo...

* * *

Ya nunca, por mucho que la vida nos maltrate, osaremos decir que el mundo es malo.

Ya siempre, antes de proferir una queja importuna, nos acordaremos de este hombrecillo de la calle doblado y anheloso bajo la cruel mercancia; este hombrecillo admirable que, sonriendo entre lágrimas y arrugas, hace vibrar su apagado grito en el tumulto hirviente de la villa, afirmando con trágica resignación que el mundo es bueno...

ORO DE LEY

ORO DE LEY

E murió aquella abuelita de muchos nietos.

Dos, entre todos, habian sido postergados injustamente por la anciana, eran los herederos del malogrado hijo a quien nunca amó, por una aberración sentimental, por una antipatía inconcebible en el corazón de una madre.

Ello fué que la señora desairó siempre a los dos hermanitos. Inútilmente la interrogaron con la mirada llena de asombro, dolidos de aquel desamor con que la vieja les presentaba una mano que jamás tuvo para ellos las caricias espontáneas y dulces.

Hasta que cierto día sucedió una cosa singular. Pasando los niños bajo el mirador de la abuela, supo la mano fria, nunca alzada en halago para ellos, hacerles una señal amistosa.

Dóciles se detuvieron los chiquillos, con una emoción de sorpresa y de placer... ¿Qué les queria aquella mano?

Quería arrojar una moneda para cada uno. Era de cobre, muy chiquita y humilde. Pero los muchachos, más humildes que las monedas, las recogieron con alegria y las besaron.

Después siguieron su camino por la vida adelante sin volver a pasar bajo aquel mirador. La lucha del mundo les llamaba, y luchando y sufriendo guardaron siempre la única moneda que tuvo para ellos la abuelita.

* * *

Dejó la anciana muchos caudales al morir, cuando los dos hermanos peregrinaban lejos del solar, y por malas artes de la torpe ambición no lograron ningún beneficio de la herencia.

Los que la disfrutaban, gozosos de su buena fortuna, dieron ingratamente en olvidar a la abuelita; tanto se holgaban en las dulzuras de la prosperidad, tanto se cuidaban de encender las pasiones del lujo, que dejaron apagarse el cirio mortuorio, enhiesto en la parroquia aldeana, frente al altar mayor.

Y cuando el sacerdote bajaba del presbiterio a cantar los responsos, el cirio, oscuro y pálido, semejaba una interrogación perdida en la sombra de la nave, un brazo marchito que levantaba la abuela desde la tumba para maldecir a sus ingratos herederos...

Una mañana, los asistentes a la iglesia parroquial

tuvieron un gran asombro delante del blandón encendido, presidido por dos mozos gallardos.

Eran los niños andadores, convertidos en personas cabales.

No volvían a su país con intención de recoger la herencia paternal. Habían luchado con denuedo en los caminos del mundo y traían su honrado tesoro.

Venían a encender la olvidada memoria de la abuelita, a pagar en buena moneda, con oro de ley, con el noble oro del perdón y la caridad, aquel don que una sola vez les hizo la mano fría de la anciana.

Después de la misa, cuando el oficiante bajó del presbiterio a cantar los responsos, la llama dorada del cirial se meció en la sombra del templo con una suave ondulación de caricia, y dos monedas, rubias como aquella lumbre del cirio, cayeron macizas en la bandeja de las limosnas, quebrando el silencio augusto de la nave con un eco de extraordinaria solemnidad.

ESPERANDO AL HIJO...

ESPERANDO AL HIJO...

a vuelven los de su quinta, y la madre, aguardándole, saca del arcón la ropa de paisano para colgarla en el alto perchero, a los pies de la cama recién mullida. Busca también el reloj de plata, cuyo especial cuidado le encomendó el ausente, le frota en la punta del delantal, le da cuerda con religiosa lentitud y le coloca sobre el frontal del lecho, debajo de una rama de laurel.

A las horas en que el soldadito pudiera llegar, andando desde la próxima estación del ferrocarril, la madre se asoma a la puerta, entorna los ojos para alcanzar mucho horizonte, mira un largo rato y suspira después.

En una de estas frecuentes interrogaciones, lo que encuentran los ojos de la madre es una sombra que se balancea poniendo su mancha triste en la blancura del camino.

La mancha crece, se va perfilando y se concreta en una capa sacerdotal.

El que llega es el señor cura. Llega y no pasa adelante, sino que se detiene a saludar a la aldeana.

Es mozo el sacerdote, si tiembla su voz no es porque los años la acobarden. Es por otra causa secreta que acaso va descubrirse luego que él pregunte:

—¿Qué sabes de Pedro?

La madre observa al párroco tenazmente, nota su turbación, se angustia, y exclama:

—¡Usted me trae malas noticias!

—¡Mujer!

—¡Ay, sí señor, sí!

—Atiéndete a razones.

—¡Hijo de mi alma!

La emoción entorpece los circunloquios del cura, que entre palabras de consuelo y de tristeza va confesando cómo el soldadito murió en vísperas de regresar a su casa, deshecho por una calentura fulminante.

Ni las balas ni los moros le habían dañado; hizo jornadas penosísimas; cargó a la bayoneta cuerpo a cuerpo en varias ocasiones; trepó a las escarpaduras más bárbaras del Rif; vió tan cerca a la muerte en multitud de combates y de senderos, que la tuvo al mismo filo de su corazón, sin que le hiriese. Y de pronto le tomó por suyo en el cuartel, en dos días de enfermedad.

Tranquilizóse un poco la madre al oír esta explicación, repetida en cartas de otros militares y en testimonios de los compañeros repatriados; porque la oyó sin creerla.

No podía ser; puesto que no mataron a su hijo, "él sólo" no se había de morir en la flor de la edad. Nunca estuvo enfermo ni malcayente; robusto, de buena encarnadura y mucho rejo, una fiebre de pocas horas no se le llevaba, y, menos así, calladamente, sin dejar un encargo ni una despedida. No; él se hubiera defendido; era alto, duro, empeñoso; tenia madre, tenia novia, quería vivir; ¡se habia ido para volver...!

Y la aldeana se refugia en su obstinación. Su hijo no es el Pedro Navarro, caido mortalmente en dos días sobre la cama de un hospital, sin un rasguño, sin una mancha de sangre en el uniforme guerrero. Entre tanto "gentío" como sucumbe por aquellas tierras monstruosas del Africa, ¿no puede morir otro mozo del mismo nombre?

En los acusadores papeles que ha recibido el alcalde existe, sin duda, una equivocación horrible. Pedro volverá. Hay que tenerle la cama hecha, la ropa limpia, en hora el reloj.

Y la madre, enloquecida con esta esperanza, sale a la puerta cuando pasan los trenes, y entorna los ojos para alcanzar mucho camino con la vista.

Dentro de su mirada ansiosa recoge todo el sendero hasta la estación, distingue todas las figuras que se mueven lejanas, que huyen o se acercan, implacables.

¡No vuelve el soldado...! Y se esconde la pobre mujer, traspasada de pena, en el cuarto silencioso de su hijo, oculta la frente en el mullido lecho: las hojas de maíz gimen apretadas en el jergón, ásperas y contenidas como un sollozo, mientras el reloj de plata, colgado bajo la ramita de laurel, cuenta las horas con un trágico pulso de eternidad...

EL CRISTO DE LOS CLAVELES

EL CRISTO DE LOS CLAVELES

AY en mi parroquia madrileña un Cristo muy hermoso, muy pálido, muy triste.

Cuando por la calle se venden las flores en cestas y carretillos, con primaveral abundancia, vi que al Cristo le florecía entre los pies ensangrentados un oloroso ramo de claveles.

La constancia de este ramo, siempre fresco, siempre en el mismo lugar, sujeto a los santos pies sobre el clavo y las heridas, me llamó la atención. Y una tarde me puso la casualidad junto a la devota jardinera que ungía las divinas llagas con lozanas flores.

Estaba la iglesia muda y sola, y rezaba yo a la vera del Señor, cuando unos pasos vacilantes quebrantaron la calma profunda del lugar, y una tos, un jadeo y un suspiro se acercaron a Jesús.

Era una anciana menuda y pobre la que lucía en

sus manos cenicientas el renuevo de preciosos claveles.

De puntillas, para llegar mejor a las plantas esclavas, desprendió con dulzura el ramo de la víspera y colocó el reciente. Iba ofreciendo una a una las flores, besándolas, suspirante y devota, y murmurando:

—¡Pobretuco..., pobretuco!

Entonces mi emoción se hizo curiosa para averiguar:

—¿Es usted montañesa?

—¿Montañesa?—interrogó la anciana a su vez, contemplándome sorprendida. Y sin responder a mi pregunta, repuso, meciendo en la sombra la mirada apacible:

—Soy de muy lejos..., de muy lejos...

—Pero ¿de dónde?—insistí.

—De más allá de la llanura, mucho más allá, donde todo es sierra... Para venir hay que andar en el tren toda la noche.

—¿Hace mucho que vive usted aquí?

—¡Mucho!—respondió con expresión de infinito cansancio. Y añadió, luego de quedarse pensativa:

—Me llamó el hijo para acá, porque le llegó la hora de morir... Y me quedé sola con Este—señaló al Cristo pálido.

—¿Por qué no se vuelve a su pueblo?—le dije conmovida.

—Está muy distante..., mucho; al borde mismo de la mar.

—¿Y tiene familia allí?

—¡Nadie!—murmuró.

—¿Aquí tampoco?

—¡Nadie en el mundo!... Pero tengo a Este.—Tornó a mirarse en Jesús enclavado.

Hablábamos despacito a la luz de dos velas crepitantes. Y queriendo la vieja satisfacer toda la curiosidad que le revelaban mis preguntas, dijo dulcemente:

—Pido limosna. Lo que saco lo reparto con El. Ahora le compro claveles, luego rosas, más allá violetas, en la Semana Santa dos cirios grandes...

Pronunció las últimas palabras con infantil orgullo, acuciando el asombro que me causaba imaginar el gran tamaño de las velas, y como ya hubiese colocado con mil precauciones su tributo a los pies de Jesús, hízome un saludo amistoso y se confundió en la oscuridad del templo, muy chiquitina, muy triste, con el hechizo de una misteriosa aparición...

MARINERA

MARINERA

RAVA y espléndida sabe nuestra costa mucho de la muerte, ya que la mira de continuo en el espejo oscuro del Cantábrico, el mar de las galernas crueles y de los recónditos furores. Luchar en él para vivir, y morir de sus cóleras, es el frecuente destino de estos costaneros pobres, nuestros hermanos infelices.

Toda la ribera está señalada por sombrías memorias de naufragios, y en ninguna parte la vida trágica y tumultuosa, se abraza a la muerte con tan profundas palpitaciones como en este mar norteño y misterioso que vive amortajado por la bruma y solloza cuando respira y se duerme en la playa con estertor de agonizante.

Pero cuando la guerra inclemente del mundo puso un nuevo matiz de incertidumbre en los hondos caminos de la mar, hombres y naves padecieron más honda persecución bajo el cristal inmenso y esquivo, preñado de amenazas, y los valientes que se lanzaban en un barco sobre la llanura sin fin, ya no recelaban sólo del arrecife, de la tempestad y de la brumazón; otros barcos, otros hombres les preocupaban; otros peligros temían: la humana fraternidad, rota en acerbos pedazos, sembró en el agua y en el viento mortales inquietudes, y hasta en los más pacíficos hogares retumbó el angustioso alerta de los bajeles amenazados.

Un navío de aquellos fugitivos y recelosos, cruzó a nuestra vista en cierta hora crepuscular y apacible en que no sabíamos levantar los ojos de las aguas azules.

—Es el *Cántabro*—nos dijeron—, va a los mares de Inglaterra a llevar contrabando; por eso marcha tan costanero.

Y allí mismo, una moza rubia y pálida murmuró con orgullo:

—El primer maquinista es mi marido.

—¿Cómo se llama?—preguntamos, con esa curiosidad de quien no desconoce en su pueblo ningún apellido.

—Cipriano Albéniz.

—Hace poco tiempo que se han casado, ¿no?

—Tres meses.

Miramos a la joven con interés. Tenía los ojos clavados y tristes, la frente meditabunda, puesta la atención con sumo desvelo en aquel barco fino y alteroso ceñido a la orilla, sin temor a los bajos, agudos como puñales, que embravecen la costa.

Iba cayendo la oscuridad; sólo en la cinta lejana del horizonte parpadeaba moribunda la luz. Subía la Luna por el cielo, curva y rutilante como una hoz, y ardían las estrellas muy remotas en la cima del celaje profundo.

Entonces, una fragata de grande arboladura se traslució en la sombra como si llegase del fondo de la mar, buscando también el arrimo de los cantiles, y navegó a toda marcha detrás del buque montañés.

Los vimos juntos, con los faros apagados, rozándose, uniéndose en un sólo desvaído perfil.

Y de pronto el *Cántabro* dejó oír una dolorosa voz, igual que un humano quejido, un lamento lancinante y agudo que temblando imploraba y volvía a temblar; un grito de lástima y desesperación.

Al mismo tiempo sobre la cubierta se encendía una luz que parecía una herida, una lumbre roja y derramada lo mismo que un borbotón de sangre.

El incógnito bergantín huía dejando las huellas de la muerte en los hondos caminos de la mar.

Y la mujer de Cipriano Albéniz se había desmayado en la ribera.

* * *

No era la nave misteriosa una mala enemiga del barco santanderino. Viajera neutral y mercantil, seguía el mismo rumbo que él, con semejantes precauciones y parecido riesgo, acogiéndose al sagrado de la costa, apagadas sus lantías, con un semblante emboscado y sospechoso.

Pero navegaba con más brío, y al perderse los dos

en la negrura de la noche, ciega de prisa y de inquietud la fragata noruega embistió al barquito español, tronchándole el palo trinquete con su poderoso bauprés, levantándole la cubierta y abriéndole una enorme vía de agua cerca de la escotilla segunda.

Después el velero se alejó en las tinieblas, enigmático y veloz, como esos automóviles fantasmas que atropellan una vida y desaparecen antes de ver si queda un hilo de esperanza en la vida que atropellaron...

Los cincuenta y dos tripulantes del barco herido pugnaban por salvarse con el afán ansioso que el caso requería.

Pero era menester que alguien cuidara las calderas para que en la inundación no estallasen, haciendo imposible el salvamento.

Intrépido, voluntarioso, un hombre ofreció su vida en la catástrofe, en rehenes de las de sus compañeros. Era Cipriano Albéniz, el marido de la joven rubia desvanecida en la costa.

Delante de la máquina, previamente sepultado en el estertor de la triste mole, inmenso de serenidad y de heroísmo, Albéniz evitó la explosión, mientras tocaba la sirena para que sus camaradas estuvieran seguros de que un corazón fuerte y generoso latía en aquellas moribundas entrañas de hierro, vigilante y sublime hasta el postrer latido.

Con esta asombrosa garantía, la oficialidad del *Cántabro* se impuso a la aterrada tripulación, y organizóse el salvamento en dos balleneras y un bote de servicio; en tanto que viva, retumbante, loca de caridad, seguía la sirena cantando desde el vientre tembloroso del bajel.

Y apenas las naves salvavidas se alejaron lo bastante para no sumergirse en un remolino final, dando el buque una brusca guiñada cabeceó hacia los náufragos en reverente despedida, y se hundió con Albéniz.

Ya sepulto el navío, todavía en la trágica lobreguez de la noche, sobre la infinita desolación de las aguas, resonó el acento de la sirena desgarrando el último compás de aquel himno español tan arrogante, cifra gloriosa de la bravura y el amor humanos.

Arriba, en un cielo impasible y azul seguia la Luna clavando su guadaña de oro...

LA VIRGEN DE LAS BATALLAS

LA VIRGEN DE LAS BATALLAS

 la derecha de la imagen se yergue izada, a medio desplegar, una bandera roja y amarilla, que ofrece allí una evocación solemne, única y triste. Está agujereada por los balazos; tiene en la orla del sagrado tejido la flocadura cruel de los combates; unas manchas sangrientas la ennoblecen.

Y los peregrinos se postran en la Cueva, mirando con profunda veneración a la divisa y a la Señora.

Debajo de esta Gruta brama el río de Orandi, surgiendo misterioso en un torrente. Se perdió allí arriba, en el sumidero sagrativo de un valle, perforó el Auseva y le viene a rendir su tributo a la Virgen. Brota clamoroso, como una oración mucho tiempo contenida; dice todas las cosas inefables y extrañas que ha callado a través de las peñas.

Esta voz rugiente y fervorosa, traspasada de espumas y sollozos, se extiende por el monte de Pelayo con un acento que no se acaba nunca: es la plegaria eterna del paisaje, el himno fuerte y bravío de Covadonga, cantando siempre en estas cumbres el romancero de los siglos españoles a los pies de la "Santina", a los pies, hoy, de una bandera.

No se oye casi el plañido de los rezos humanos; todo el aire está colmado por el grito de las aguas. Los devotos dirigen una súplica, el predicador levanta unas exhortaciones; hay unos cánticos perdidos en el estruendo del torrente; luego, la procesión alumbra sus antorchas por el túnel, sale a la explanada de la catedral y desaparece en el templo: la Virgen se ha quedado en la Gruta, sola con el río y la bandera.

Allí próximo está el sepulcro de Pelayo, mudo al socaire de la roca. Una verja tenaz le libra interiormente de los entusiasmos salvajes con que otras tumbas insignes se cubren de letreros; pero no evita que muchos peregrinos depositen en el nicho sus tarjetas ilustradas con ruegos, excitaciones y ansiedades:

—¡Pelayo, levántate para darnos en Africa la victoria!

—¡Caudillo, despierta, que te necesita España!

—¡Libertador!, ¿qué haces?

—¡Arriba, héroe, vencedor de los moros, ¿dónde estás?...

Bajo estas frases conminatorias y expresivas hay nombres de abogados y médicos, profesores y comerciantes, rentistas y otros variadísimos ciudadanos. Cuando el sacristán limpia el sepulcro del rey godo, lee las tarjetas y sonríe.

* * *

Hace años el regimiento de Covadonga volvía de Africa, bautizado con la sangre de sus guerreros, y desde Madrid, sin descansar de la jornada rudísima, envió a la Patrona su bandera en homenaje.

Dos compañías, al mando del coronel Feijóo, vinieron a presentar su regalo y le pusieron al pie del altar como una alfombra, tapando casi todo el suelo de la Cueva. Así estuvo durante las fiestas de la coronación nacional de la Virgen. Los soldados de Covadonga velaban de día y de noche, con espontánea solicitud, su enseña, que nunca se quedó sola con la Santa; de continuo los marciales uniformes dieron allí la emoción de una vigilia militar, perseverante y silenciosa, una guardia de reverencia y ternura sin ejemplo.

Se les había dado a los de Covadonga otra insignia a cambio de la suya, una tela bordada por las asturianas más ilustres, rica y joyante, apadrinada generosamente por dos próceres del antiguo principado. Se bendijo en la Catedral, se alabó en los discursos, se le publicaron fotografías en los periódicos... Pero los soldados adoraban a la compañera de sus luchas, al paño cruento, desgarrado por las balas y los caminos, sobre la hueste española.

Y cuando llegó el instante de partir, aquellos mozos aguerridos subieron a la Cueva por última vez, sin que nadie se lo mandara. No hubo despedida oficial, invitación ni propósito definido; los soldados, dispersos, anhelantes, iban a decir adiós a su bandera; la besaron, de rodillas; hicieron la señal de la cruz y bajaron los escalones de piedra limpiándose las lágrimas: todo en silencio, con una sinceridad viril, conmovedora.

Archivóse el donativo en el tesoro del santuario, entre el frío resplandor de las alhajas y el orden rígido de las curiosidades, hasta que la guerra sin fin con los moros nos trajo de nuevo la inquietud nacional, la pesadumbre de los desastres, el duelo por todos y cada uno de nuestros soldados que luchan y mueren.

Entonces la bandera del regimiento de Covadonga, rota y herida en las jornadas, salió procesionalmente de la Catedral, desplegada al viento en los riscos de Pelayo, y fué a posarse junto a la Virgen, como una plegaria largo tiempo contenida; el grito rojo, desgarrado de un inmenso corazón...

* * *

Hoy la "Santina" recibe las preces de su novenario; sale de la Gruta la procesión encendida en la tiniebla de la noche; el sacristán recoge en la tumba del rey los testimonios de visitas audaces, la conminación belicosa de unos romeros que rezan, llaman al caudillo, y se van a dormir tranquilamente...

La Virgen de las Batallas se queda otra vez sola con el río y la bandera, dos símbolos de cosas perdurables.

Y pensamos con infinita admiración en los soldados

españoles que luchan y mueren en Africa, valientes, silenciosos y amantes como los que lloraban en Covadonga al despedirse de su bandera.

Alto, el fogaril de la Virgen es el único lucero de esta noche cerrada y oscura...

ÍNDICE

Págs.

Prólogo	5
La cizaña	11
El precio de la muñeca	19
Con las últimas hojas	25
Tierra...	31
Cobarde	41
La campanita de oro	47
El "rabuco"	53
La madre del novio	59
El vuelo de una paloma	65
La quimera	73
¡Ya no viene!	81
Aquella mesa	87
El vestido largo	93
El misterio de la boda	99
Lágrimas del valle	107
El regalo de Inocencia	115
Ingratitud	123
La monitora	129
El caballero triste	135
La renta de las señoritas	141
La vocación	151
La carta milagrosa	159
El solar redimido	167
Flor de cuna	173

Págs.

La justicia humana	179
Cura de sol	185
Nota de un himno	191
La promesa	199
El capullo	203
Las madres viejas	207
Historia vulgar	213
Entre dos riberas	219
La medalla	225
El pregón de las rosas	231
El llanto de la madre	237
La traición	245
Blasones y herramientas	253
El buen mundo...	261
Oro de ley	267
Esperando al hijo...	273
El Cristo de los claveles	279
Marinera	285
La Virgen de las batallas	293